# S'EXPATRIER EN TOUTE
# CONNAISSANCE DE CAUSE

Posez-vous les vraies questions sur votre projet de mobilité internationale !

Cet ouvrage et le site Internet dédié **L'expatriation : préparez votre projet de mobilité internationale!** combinent leurs ressources afin de vous guider dans vos réflexions et démarches pour une mobilité internationale réussie.

En vous connectant à la page d'accueil **http://www.essec.fr/lexpatriation/book** vous obtiendrez en retour votre code d'accès personnalisé vous permettant d'utiliser les ressources du site.

Éditions Eyrolles
61, Bld Saint-Germain
75240 Paris Cedex 05
www.editions-eyrolles.com

© Groupe Eyrolles, 2007
ISBN : 978-2-212-53787-1

Jean-Luc Cerdin

# S'EXPATRIER EN TOUTE
# CONNAISSANCE DE CAUSE

**EYROLLES**

*À Nathalie, ma femme,*
*dont le soutien m'a permis de réaliser cet ouvrage.*

*À Tristan et Nina,*
*mes deux petits globe-trotters,*
*qui me font voyager tous les jours !*

# Remerciements

Je souhaite tout d'abord remercier les étudiants de l'ESSEC qui ont suivi mon cours « Mobilité internationale et expatriation », ceux de University of Missouri, St. Louis qui ont suivi la version « américaine », et les étudiants des programmes de formation continue, en particulier ceux du Master RH de l'ESSEC Management Education. Par leurs questions, ils m'ont incité à rédiger cet ouvrage afin d'aider les personnes à mieux se situer par rapport à une expatriation et à mieux s'y préparer.

J'associe à ces remerciements les professionnels de l'expatriation qui apportent leurs témoignages terrain à mes étudiants, à savoir Jean-Pierre Evain, qui a dirigé la Maison des Français de l'Étranger, Étienne Gousson de L'Oréal, Nathalie Lorrain, directrice d'Itinéraires Interculturels, Anne Neplaz, directrice du CIVI, Jeanine Over de Linden de Net Expat, Jean Pautrot, directeur de la mobilité internationale EDF et Président France du Cercle Magellan, Anne-Marie Ronayne, directrice de Terra Connecta, Cécile Sacquin de LVMH, Martine Tardivel, directrice de ORC Worlwide, Michel Touverey, directeur de la CFE, et ceux qui viennent faire partager leurs expériences d'expatriés, en particulier Florence Nicolas-Verley, Didier Bellec, Jérôme Serrat et Jean-Yves Rimaud. Leur contribution au site « L'expatriation : préparez votre projet de mobilité internationale ! » a été précieuse ainsi que leur expertise technique pour certains chapitres de cet ouvrage.

Mes remerciements vont aussi à Jean-Pierre Choulet, Michel Ferreira, Franck Polycarpe et Isabel Torcheux de l'ESSEC qui ont permis au site « L'expatriation : préparez votre projet de mobilité internationale ! » de ne pas rester un projet

© Groupe Eyrolles

mais de devenir une réalisation très utile à ceux qui souhaitent réfléchir à leur mobilité internationale. Leur soutien permet aujourd'hui d'offrir l'accès de ce site aux lecteurs de ce livre. Plus largement, tous ceux qui ont apporté leur contribution à ce site sont également associés à ces remerciements.

Je souhaite aussi remercier Patrick Storey et Patrick Bouvard de *RHinfo* qui ont soutenu ce projet.

Je souhaite enfin remercier Nathalie Dupont qui, dans son rôle d'assistante de recherche, a été la première lectrice et critique de cet ouvrage dans un souci constant du lecteur.

# Sommaire

Introduction – Préparer un projet de mobilité internationale ........................ 1

## Partie 1

## ET MA CARRIÈRE DANS TOUT ÇA ?

### 1 Ancres de carrière : larguez les amarres ! ...................................... 7

Qu'est-ce qu'une ancre de carrière ? ................................................. 8

Quelles sont les huit ancres traditionnelles ? .................................... 9

    Ancre technique ........................................................................ 9

    Ancre managériale .................................................................... 10

    Ancre autonomie ...................................................................... 10

    Ancre sécurité/stabilité ............................................................ 10

    Ancre créativité ........................................................................ 11

    Ancre dévouement à une cause ............................................... 11

    Ancre défi pur .......................................................................... 11

    Ancre qualité de vie ................................................................. 12

L'ancre internationale : une nouvelle ancre ? ................................... 12

Une ou plusieurs ancres de carrière ? .............................................. 13

Questionnaire : les ancres de carrière .............................................. 15

### 2 À la recherche du gène global .................................................. 19

Qu'est-ce que l'adaptabilité ? .......................................................... 20

Quatre mesures clés de l'adaptabilité ............................................... 20

Aller au-delà de ce qui est mesurable .............................................. 21

Seriez-vous porteur d'un « gène global » ? ...................................... 22
Comment développer ses capacités d'adaptation ........................... 23
Quiz : adaptabilité ............................................................................. 25

## 3 L'énigme de la disposition des personnes envers la mobilité internationale ..................................... 27

La mobilité internationale est plurielle ............................................ 28
Des profils hétérogènes ..................................................................... 28
Évaluer sa disposition envers la mobilité internationale ............... 29
Facteurs influant sur la disposition envers la mobilité internationale ......... 30
    La disposition absolue : quatre variables majeures ................... 30
    La disposition relative et l'attachement au pays d'origine ........ 32
Quiz : disposition envers la mobilité internationale .................... 35

## 4 « Money, money, money » : la théorie du chauffeur de taxi ..... 37

Le développement professionnel au centre de la motivation ...... 38
Des motifs positifs et négatifs ........................................................ 39
Les freins : obstacles ou excuses ? ................................................ 40
    La rémunération ............................................................................. 40
    La place du conjoint ..................................................................... 40
    Les enfants, la famille .................................................................. 41
Les ressorts de la motivation ......................................................... 41
    La théorie ERD ............................................................................. 42
    La théorie des attentes ................................................................ 42
Quiz : motivations ......................................................................... 45

## 5 Expérience internationale : en avoir ou pas ........................... 47

Évaluer une expérience internationale ........................................... 48
Manager global ou expatrié ? .......................................................... 49
Caractéristiques des carrières sans frontières ............................... 50
Comment se développer grâce à l'expérience internationale ? ..... 51
    L'exemple des « third culture kids » ........................................... 51
Paradoxes de l'expérience internationale ....................................... 52
    La crainte du retour ..................................................................... 52
    La valorisation de l'expérience internationale ........................... 52
Quiz : expérience internationale ................................................. 54

Partie 2

## QUELQUES AVIS D'EXPERTS POUR Y VOIR PLUS CLAIR

# 6 L'expatriation a-t-elle un avenir ? ................................................ 59

Que signifie « expatrier » ? ........................................ 60
Les entreprises face à l'international ................................ 60
L'expatriation : pour quelle durée ? ................................ 61
L'expatriation : pour quoi faire ? ................................ 62
    L'expatrié comme ambassadeur du siège social ................ 62
    L'expatriation au service du développement des compétences ......... 63
Un avenir justifié ................................................ 63

# 7 Les leçons de l'impatriation ........................................ 67

Qu'est-ce qu'un impatrié ? ........................................ 68
    Impatriation et expatriation : une histoire de flux ................ 68
Une question de gestion des compétences ............................ 69
Une formation en soi ............................................ 69
Une question d'adaptation ........................................ 70

# 8 Expatriation ou odyssée personnelle ? ........................... 73

L'expatriation classique et l'expérience étrangère :
deux vécus différents ? ........................................ 74
    L'origine de la mobilité ........................................ 74
    Les objectifs de la mobilité ........................................ 74
    Le financement ................................................ 74
    Le type de carrière ............................................ 75
Les motivations sous-jacentes ........................................ 76
    Les jeunes opportunistes ........................................ 76
    Les demandeurs d'emploi ........................................ 76
    Les officiels ................................................ 77
    Les professionnels localisés ........................................ 77
Les compétences développées ........................................ 77

Partie 3

## MON PROJET INTERNATIONAL : LES FACTEURS CLÉS DU SUCCÈS

**9** Faut-il y aller avec ou sans formation interculturelle ? ......................... 81

Formation interculturelle et adaptation internationale ......................... 82
La courbe en U ................................................................................. 83
La formation interculturelle : quand et comment ? ............................ 84
Reconnaître une formation interculturelle rigoureuse ........................ 85
Rechercher des formations de qualité ............................................... 85

**10** Nourrir ses talents à l'international ............................................... 87

Expatriation et développement des hauts potentiels ......................... 88
Progression de carrière et affectations internationales ...................... 88
    Choix du pays d'expatriation .......................................................... 89
    Réussir sa mobilité pour progresser ............................................... 89
    Hauts potentiels et expatriation ..................................................... 90
« Jouer le jeu » de l'entreprise ......................................................... 91
La contrainte des doubles carrières ................................................... 91
Du potentiel au talent ...................................................................... 92

**11** L'expatriation : une histoire de couple ! ....................................... 95

L'indispensable prise en compte du conjoint par les entreprises ......... 96
Comment l'entreprise peut-elle accompagner le conjoint ? ................. 96
Il n'y a pas UN couple, mais DES couples .......................................... 98
Sphère privée/sphère professionnelle : la théorie du « débordement » ......... 98
La famille au cœur du projet de mobilité internationale .................... 99

**12** Évaluer et être évalué dans une autre culture ............................... 103

Qu'est-ce qu'évaluer ? ...................................................................... 104
Quand les différences culturelles s'en mêlent .................................... 105
    Le contexte influence le processus d'évaluation .............................. 105
    Le rôle central de l'observation ..................................................... 105
Évaluer selon quels critères ? ............................................................ 106
Évaluer pour quels objectifs ? ........................................................... 107

**13** Devient-on riche en s'expatriant ? ................................................ 109

Salaires d'expatriés versus salaires locaux ......................................... 109
Différents types de rémunération ...................................................... 110

Rémunérer selon le pays d'accueil ............................................ 110
Rémunérer selon le pays d'origine ........................................... 111
Approche mixte ....................................................................... 112
Rémunérer selon un pays tiers ................................................. 112
Rémunération internationale .................................................... 112
Les composantes de la rémunération ........................................ 113
Les montants incitatifs ......................................................... 113
Les « différentiels d'égalisation » ........................................... 114
La rémunération ne se réduit pas au salaire... ........................... 115

14 De l'équité dans la mobilité ............................................. 117
L'équité : c'est quoi ?.............................................................. 118
À qui se comparent les expatriés ? .......................................... 119
À qui se comparent les locaux ? ............................................. 120
Équité et collaboration entre locaux et expatriés ....................... 120
Il faut COM-MU-NI-QUER ! .................................................... 121

Partie 4

LES RISQUES À NE PAS NÉGLIGER

15 Sécurité et expatriation : l'affaire de tous ........................ 125
Prendre conscience des risques liés à une mobilité internationale .... 126
Les politiques de gestion des risques ....................................... 126
La prévention des risques liés à l'expatriation ........................... 127
Programmes de pré-départ .................................................... 127
Pratiques de sécurité dans le pays .......................................... 128
Analyse d'incidents .............................................................. 129
La gestion de crise ................................................................. 129
L'audit de sécurité .................................................................. 130
Tous concernés ...................................................................... 130

16 Quelle protection sociale pour les personnes à l'étranger ? .... 133
Des règles différentes selon les pays ........................................ 134
Protection sociale en France .................................................... 134
Protection sociale à l'international ............................................ 134
Détachement ou expatriation au sens de la Sécurité sociale ......... 136
Détaché ............................................................................... 136
Expatrié ............................................................................... 137
Cela n'arrive pas qu'aux autres !.............................................. 138

**17** Non-assistance à personnes en mobilité : danger !   141
Le rôle majeur de l'aide logistique   142
  L'expatriation sans soutien est une course d'obstacles   143
  Les services de *relocation*   143
Le soutien émotionnel   144
Le « soutien organisationnel perçu »   145
  Les systèmes de parrainage   146

**18** Le retour d'expatriation,
  talon d'Achille de la mobilité internationale ?   147
Le retour : une expatriation à l'envers   148
Loin des yeux, loin du cœur   149
Au retour, on redevient un individu *lambda*   149
Le retour est-il davantage le problème de l'entreprise
que celui de l'expatrié ?   150
Les outils de gestion du retour   150

**19** Face au retour : frustré ou proactif ?   155
Le retour comme source de frustrations   156
Le retour : une opportunité d'être proactif   157
Quitter son entreprise au retour : une question complexe   158

Conclusion – Vers une mobilité internationale réussie   161

Pistes d'action : check-list   163

Références   169

# Préparer un projet de mobilité internationale

La mobilité internationale est au cœur de tous les enjeux économiques et humains d'aujourd'hui et de demain. Pour y faire face, les entreprises et les personnes ont besoin d'être accompagnées. Cet ouvrage se donne l'ambition d'aider toute personne qui s'interroge sur la place de la mobilité internationale dans ses projets personnels ou professionnels. Vous en faites certainement partie puisque vous êtes en train de lire ces lignes...

Prendre une bonne décision de mobilité internationale (« j'y vais ») ou de non-mobilité internationale (« j'y vais pas ») repose notamment sur une meilleure connaissance relative aux questions sur le sujet.

Les directions des ressources humaines ou les managers se doivent également de donner à leurs salariés et collaborateurs les moyens adéquats pour prendre une décision en connaissance de cause. Les salariés sont en effet souvent désarmés lorsqu'il s'agit de prendre une décision de mobilité internationale. Cet ouvrage se veut un outil mis à la disposition des salariés pour nourrir leur réflexion.

Accepter une mobilité internationale proposée par son employeur, partir travailler à l'étranger de sa propre initiative, poursuivre des études à l'étranger ou entreprendre toute autre activité à l'international ne s'improvise pas.

Nous vous proposons ici des rubriques courtes axées sur les thèmes fondamentaux de la mobilité internationale. Leur objectif est de susciter votre réflexion et de vous aider à mieux appréhender votre mobilité internationale ou celle d'autres personnes dans votre entourage professionnel ou personnel.

Afin d'atteindre cet objectif, cet ouvrage vous donne aussi l'accès à un site Internet dédié[1] qui vous donnera des clés nécessaires pour vous aider à formaliser et affiner votre projet de mobilité internationale. Vous disposerez d'un éventail d'informations et d'outils, allant de l'adaptation des personnes aux questions de rémunération, qui devrait vous permettre de mieux vous situer par rapport à une mobilité internationale.

Ce site s'organise notamment autour d'un guide personnel, véritable outil de préparation à la mobilité internationale conçu par des experts de l'expatriation, qui vous invitera à vous poser enfin les vraies questions sur votre projet de mobilité ! Toutes les ressources du site sont là pour vous y aider :

- 30 fiches détaillées enrichies de définitions, de synthèses multimédias, de témoignages d'experts et d'anciens expatriés vous offrent une vue imprenable sur les problématiques qui sont au cœur de la mobilité internationale ;
- 3 synthèses multimédias font le point en son et en images sur l'adaptation internationale, la sélection, la rémunération des expatriés, et enfin la gestion du retour et la carrière ;
- Plus de 100 définitions avec des entrées directes vers les fiches et les compléments dédiés vous orientent vers les réponses à vos questions !
- Des repères bibliographiques en français et en anglais listent vos livres de chevet pour les mois à venir...
- Plus de 100 adresses référencent ambassades, assurances, associations, etc. pour vous mettre dans le bain !

Les thèmes abordés dans cet ouvrage et sur ce site combinent leurs ressources afin de vous guider dans vos réflexions et démarches pour une ou des mobilités internationales réussies.

Pour vous aider à prendre la bonne décision quant à une mobilité internationale, nous vous proposons tout d'abord de nourrir votre réflexion en abordant des questions essentielles relatives à votre carrière. En effet, il est essentiel de se demander pourquoi une mobilité internationale attire certaines personnes, tandis que d'autres sont moins sensibles à ses charmes. Chacune des rubriques de la première partie, intitulée *Et ma carrière dans tout ça ?*, vous offre l'opportunité de vous exprimer au travers de petits quiz ou exercices.

Répondre à la question de savoir si « J'y vais ou j'y vais pas ? » nécessite de comprendre où va la mobilité internationale, c'est-à-dire comment les experts en la matière perçoivent ses grandes évolutions, dont les conséquences peuvent

---

1. Voir le code d'accès en début d'ouvrage au site web « L'expatriation : préparez votre projet de mobilité internationale ! ».

se ressentir au niveau de votre projet de mobilité internationale. Nous vous proposons d'éclairer ce thème dans la deuxième partie, intitulée *Quelques avis d'experts pour y voir plus clair*.

Toujours pour vous aider dans votre réflexion, nous vous proposons une troisième partie, *Mon projet international : les facteurs clés du succès*, consacrée aux pratiques de gestion de l'expatriation par les entreprises. En effet, que vous partiez expatrié par une entreprise ou que vous tentiez l'expérience internationale seul, ces pratiques d'expatriation vous aideront à préparer votre projet de mobilité internationale et auront également un impact sur celui-ci.

Nous vous proposons enfin de réfléchir à votre propre projet en abordant *Les risques à ne pas négliger* lors d'une mobilité internationale. Nous y aborderons deux risques, le premier lié au contexte politique difficile de certains pays, l'autre à des risques plus communs comme ceux couverts par les régimes de protection sociale. Dans cette partie, nous évaluerons aussi les risques d'une expatriation lorsque les personnes en mobilité ne sont pas soutenues, ni matériellement ni psychologiquement. Cette question nous conduira à conclure sur le retour, en présentant les politiques des entreprises et leurs implications pour les expatriés et les différentes attitudes que vous pouvez aborder par rapport au retour. Il ne s'agit pas ici de dresser un tableau noir de la mobilité, mais de vous aider dans votre décision de mobilité à en mesurer certains risques afin que vous puissiez partir en toute connaissance de cause.

## PARTIE 1

# ET MA CARRIÈRE DANS TOUT ÇA ?

*La mobilité internationale constitue
un (des) temps de carrière clé(s)
dans la vie d'une personne.
Aussi est-il nécessaire pour l'envisager
d'examiner avant toute chose
ce qui conduit certaines personnes
à tenter l'aventure d'une mobilité à l'international
et les caractéristiques personnelles
qui favorisent la réussite d'une telle mobilité.*

# 1 | Ancres de carrière : larguez les amarres !

## Repères et objectifs

**Chaque individu a ses propres orientations de carrière.**

L'objectif de ce chapitre est de :

→ présenter ces différentes orientations, nommées « ancres de carrières » en référence aux travaux de Schein, un grand expert international dans le domaine ;

→ examiner dans quelle mesure ces ancres sont favorables à une mobilité internationale ;

→ vous aider à mieux cerner vos ancres et savoir si elles constituent un atout pour une mobilité internationale.

Les ancres de carrières proposées par Schein[1] éclairent les choix que l'individu doit faire tout au long de sa carrière. La mobilité internationale constitue un choix majeur dans un parcours professionnel. Certaines ancres de carrière conduisent à la mobilité internationale plus facilement que d'autres et permettent également une meilleure adaptation internationale.

Connaître son ancre de carrière permet de mieux se situer par rapport à la mobilité internationale et aux choix qu'elle implique.

---

1. Schein, E. H. (1990), *Career Anchors: Discovering Your Real Values*. Pfeiffer & Company, San Diego, California.
   Schein, E. H. (1978), *Career dynamics: matching individual and organisational needs*, Reading : Addison-Wesley.

## Qu'est-ce qu'une ancre de carrière ?

Une ancre de carrière correspond à ce qu'une personne considère de plus important et de non négociable dans sa carrière. Elle guide et contraint toutes les décisions majeures de la carrière.

Les ancres de carrière permettent de faire la distinction entre ce qui est un moyen et ce qui est une fin en soi dans les choix de carrière.

Une mobilité internationale est incontestablement une décision majeure de carrière dans la mesure où elle peut impliquer plusieurs formes de mobilité et présente un impact conséquent sur la vie personnelle et familiale.

En ce qui concerne les différentes formes de mobilité, la mobilité internationale peut impliquer le franchissement d'autres frontières que les frontières géographiques[2]. Il peut également s'agir de frontières (*voir figure 1*) :

- verticales avec de plus grandes responsabilités hiérarchiques ;
- horizontales avec un changement de fonction ou une redéfinition des fonctions actuelles ;
- latérales ou radiales avec un rapprochement ou, plus communément, un éloignement du centre décisionnel de l'entreprise.

Certaines personnes peuvent considérer avec crainte une mobilité lorsqu'elles l'associent à l'adage « loin des yeux, loin du cœur ». Pour d'autres, en revanche, la recherche d'autonomie et d'une plus grande indépendance sera une incitation à partir travailler dans une filiale internationale.

Selon l'inventeur du concept, une ancre de carrière est composée de trois sortes de perception de soi, à savoir :

- ses talents et capacités ;
- ses motifs et besoins ;
- ses attitudes et valeurs.

Au fil de son expérience personnelle, familiale et professionnelle, l'individu développe une vision de plus en plus claire de ses propres capacités, motivations et valeurs. « Proéminence de la fixité dans une mer de changement »[3], l'ancre

---

2. Schein, E. H (1971), « The Individual, the Organization, and the Career: A Conceptual Scheme », *Journal of Applied Behavioral Science, 7*, 401-426 (figure p. 404).
3. Gowler, D. & Legge, K. (1993), « Rhetoric in bureaucratic careers : managing the meaning of management success », in M. B. Arthur, D. T. Hall & B. S. Lawrence, *Handbook of career theory* ; Cambridge, Cambridge University Press, (first published, 1989), 437-453.

de carrière est ce que l'individu n'abandonnerait pas lorsqu'il est confronté à un choix de carrière.

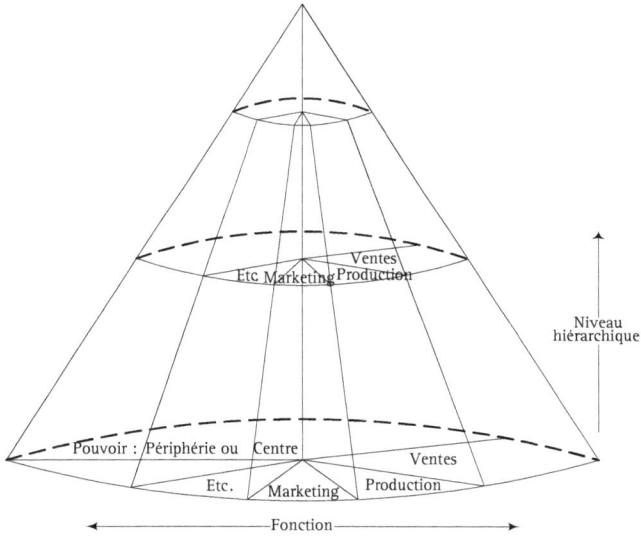

*Figure 1 – Trois axes de mobilité*

## Quelles sont les huit ancres traditionnelles ?

Les travaux de Schein ont dégagé huit ancres de carrière : l'ancre technique, l'ancre managériale, l'ancre autonomie, l'ancre sécurité, l'ancre créativité, l'ancre dévouement à une cause, l'ancre défi pur et l'ancre style de vie.

### Ancre technique

L'ancre technique caractérise les personnes qui organisent leur carrière autour d'une spécialisation ou d'une expertise. Leur identité est construite autour de leur domaine d'expertise.

Toute décision de mobilité dépend de l'opportunité qui leur est offerte de se perfectionner ou tout au moins de rester un spécialiste dont l'expertise est reconnue.

Une mobilité internationale centrée sur une expertise technique, et qui permettra de la renforcer, sera particulièrement prisée par les personnes ancrées technique. Elles s'adapteront très bien à un travail centré sur une expertise technique et dans lequel elles auront le sentiment d'accroître cette expertise.

> Ted est ingénieur en informatique. Sa passion est de développer des programmes complexes. Il cherche constamment à améliorer ses compétences techniques. Une mobilité internationale devrait lui convenir dans la mesure où elle lui permettrait de continuer à progresser dans son expertise.

## Ancre managériale

L'ancre managériale dépeint une orientation de carrière dirigée vers les sommets de l'organisation, où le pouvoir et l'influence peuvent s'exprimer. Le pouvoir est une fin en soi. Des postes de spécialisation peuvent être instrumentaux dans cette quête de pouvoir.

La mobilité internationale contribue à cette quête de pouvoir en plaçant la personne dans un poste de direction, où par exemple elle dirige une filiale, ou en lui servant de tremplin vers des postes à plus grandes responsabilités. La mobilité internationale dans certaines entreprises constitue un passage obligé vers les sommets. Pour une personne ancrée management et qui n'aurait pas d'affinités particulières pour la mobilité internationale, elle serait uniquement instrumentale.

> Emmanuelle est ingénieur en informatique. Son métier est de développer des programmes complexes. Cependant, elle le perçoit comme une étape vers un poste de management. Une mobilité internationale pourrait être l'occasion pour elle d'atteindre cet objectif en la mettant dans une situation où elle pourrait développer des compétences plus larges.

## Ancre autonomie

L'ancre autonomie dépeint des choix de carrière fondés sur un besoin primordial d'indépendance et d'autonomie.

La mobilité internationale s'accompagne souvent d'une plus grande autonomie. Aussi, les personnes ancrées autonomie devraient être attirées par la mobilité internationale et s'y trouver confortables. Leur adaptation devrait en être facilitée.

> Aurélie est ingénieur en informatique. Elle a choisi ce poste car elle peut l'exercer en toute autonomie. Elle devrait accepter toute mobilité internationale à partir du moment où son autonomie sera toujours possible.

## Ancre sécurité/stabilité

Les personnes ancrées sécurité/stabilité organisent leur carrière autour de la sécurité. Aussi, avant la fonction ou le niveau hiérarchique, c'est la sécurité qui prime les décisions de carrière.

Cette ancre de carrière s'accommode mal d'une mobilité géographique, qui rime souvent avec prise de risque, ou tout du moins rupture dans une routine ou une stabilité. Aussi, une personne ancrée sécurité sera peu attirée par la mobilité internationale. Lorsqu'elle aura le sentiment qu'elle doit accepter une mobilité internationale pour protéger ou faciliter sa progression de carrière, elle ne vivra pas confortablement cette expérience. Nos recherches ont montré que les personnes ancrées sécurité/stabilité s'adaptaient moins bien que celles qui n'avaient pas cette ancre de carrière.

▸ Stéphane est ingénieur en informatique. Il exerce ce métier dans une entreprise qui lui confère une sécurité de l'emploi qu'il considère comme un élément central dans ses choix de carrière. Il partira à l'étranger seulement s'il a l'assurance que cette sécurité ne sera pas remise en question.

## Ancre créativité

L'ancre créativité conduit la personne à organiser toutes ses décisions de carrière sur le besoin de créer quelque chose, que ce soit le lancement d'une nouvelle affaire, de nouveaux produits ou services.

La mobilité internationale peut la séduire si elle s'inscrit dans une perspective de création comme le démarrage d'une filiale, ou la recherche de solutions créatives pour conquérir de nouveaux marchés.

▸ Christophe est ingénieur en informatique. Il perçoit son métier comme l'opportunité de créer des programmes de plus en plus originaux. Une mobilité internationale pourrait s'inscrire dans ses choix de carrière à partir du moment où elle servirait sa créativité.

## Ancre dévouement à une cause

L'ancre dévouement à une cause oriente les choix de carrière vers des métiers ou activités considérés avant tout comme une cause, avec un fort désir de service. Toute activité peut être vécue comme une cause. L'humanitaire n'est pas la seule expression du dévouement à une cause au niveau international.

Participer à un grand projet de développement d'infrastructure comme salarié d'une multinationale peut être perçu comme un dévouement pour le progrès, ou l'amélioration du confort de certaines populations.

▸ Causette est ingénieur en informatique. Cependant, ce qui l'intéresse dans ce métier, c'est surtout de produire quelque chose d'utile à la vie de ses concitoyens. Elle partira à l'étranger si elle peut trouver une mission qu'elle considèrera utile pour les autres.

## Ancre défi pur

Une personne ancrée « défi pur » définit sa vie en termes essentiellement compétitifs. Les obstacles, si possible difficiles et réputés infranchissables, attirent les personnes qui orientent ainsi leur carrière.

© Groupe Eyrolles

Dans un tel contexte, une mobilité internationale peut être perçue comme un défi. « Suis-je capable de rompre les amarres et de m'adapter dans ce pays dont je ne connais ni la langue, ni la culture ? » Pour les « défi pur », le travail, comme toute activité, est une occasion de s'autotester. Dans la mesure où la mobilité internationale est perçue comme un défi pur (nécessité de s'adapter à un nouveau travail, dans un nouveau pays, etc.) les personnes avec cette ancre devraient y trouver une motivation et bien s'adapter une fois parties. Ensuite, reste à trouver un autre défi ! Peut-être le retour ?

▸ Delphine est ingénieur en informatique. Ce qui la passionne dans ce métier, c'est de relever constamment des défis, qu'ils soient techniques, créatifs ou de délais. Pour Delphine, un nouveau poste, notamment à l'international, pourrait représenter un challenge suffisamment important pour être tenté.

## Ancre qualité de vie

La dernière ancre de carrière proposée par Schein est l'ancre style de vie ou qualité de vie. Cette ancre ne se limite pas à la recherche d'un équilibre entre sa vie privée et sa vie professionnelle. Elle place la qualité de la vie au centre des choix de carrière, quelle que soit la définition de la qualité de la vie retenue par la personne. Pour certaines personnes, la qualité de la vie, c'est vivre dans une ville particulière. Pour d'autres, c'est faire le choix de la campagne... la qualité de la vie touche directement à la manière dont une personne conçoit son mode de vie.

La mobilité internationale peut alors être perçue comme une opportunité pour améliorer cette qualité de vie ou au contraire comme un risque de perdre en qualité de vie. Dans ce dernier cas de figure, elles ne seront probablement pas tentées par une expérience internationale.

▸ Virginie est ingénieur en informatique. Le fait d'exercer ce métier à Toulouse, à dix minutes de son domicile, est pour elle essentiel. Elle envisagerait bien une mobilité internationale à condition qu'elle lui permette de travailler dans un environnement qu'elle considèrerait au moins aussi agréable que le sien actuellement.

# L'ancre internationale : une nouvelle ancre ?

Une recherche récente menée sur des expatriés finlandais[4] montre que les carrières globales sont associées à des personnes avec des ancres managériales et « défi pur ».

---

4. Suutari V., & Taka, M. (2004), « Career anchors of managers with global careers », *Journal of Management Development*, 23(9), 833-847.

Cette recherche propose aussi une nouvelle ancre de carrière dans laquelle les personnes sont particulièrement attirées par de nouvelles expériences impliquant la découverte de nouveaux environnements, pays et cultures. Qualifiée d'internationale, cette ancre place la mobilité internationale comme une fin en soi. Ces personnes préfèrent développer leurs compétences dans des environnements internationaux ; elles souhaitent travailler internationalement ; elles perçoivent l'expérience internationale davantage porteuse de challenge et source de développement qu'une expérience nationale.

Les managers globaux, ceux qui vivent des expériences internationales fréquentes, diversifiées et riches d'interactions culturelles, seraient principalement ancrés internationalisme. Cette ancre les pousse à choisir et à poursuivre des carrières internationales. L'expérience internationale s'affirme comme le moteur de leur carrière : ils sont naturellement tournés vers l'international, vivent par et pour l'international.

> ‣ Imbert est ingénieur en informatique. Il est surtout heureux de travailler dans une multinationale avec des personnes de différentes cultures. La mobilité internationale s'impose presque pour lui car elle lui permettrait de continuer à vivre au cœur d'autres cultures.

## Une ou plusieurs ancres de carrière ?

Il existe une controverse quant à l'unicité des ancres de carrière. Selon le créateur du concept, l'ancre serait unique et immuable. Certaines personnes peuvent avoir le sentiment que leur ancre change, mais c'est en réalité la connaissance de leur ancre qui change, et non pas l'ancre elle-même.

Pour d'autres, et en particulier pour ceux qui s'inscrivent dans les carrières sans frontières où la mobilité physique et psychologique des personnes prévaut, l'ancre change bien en cours de carrière car la personne évolue au fil de ses expériences.

Sans trancher ce débat, l'ancre de carrière peut être considérée comme le fil directeur d'une carrière. Certains parcours qui paraissent atypiques à première vue deviennent tout à fait cohérents à la lumière des ancres de carrière.

Lorsque la mobilité internationale entre en considération, voire parfois s'immisce dans des choix de carrière, les ancres aident à dégager l'essentiel. Certaines, comme l'ancre sécurité, appellent à la réserve alors que d'autres, comme l'ancre autonomie et surtout l'ancre internationale, incitent à larguer les amarres. Bon vent !

**Pistes d'action** ⟶ Repérez votre ou vos ancres de carrières (quiz).

Quel est leur degré de compatibilité avec une mobilité internationale ?

Si la compatibilité est faible comme l'ancre sécurité, veillez à résoudre au maximum toutes les incertitudes liées à la mobilité avant de partir.

**Pistes Internet** ▶

**Synthèse multimédia** *Gestion du retour, les acteurs de la carrière* (thème n° 3).
**Fiche détaillée** *Les ancres de carrières.*
**Guide personnel** *Votre ancre de carrière*
(questionnaire n° 6).

# Questionnaire : les ancres de carrière[5]

Utilisez l'échelle de 1 à 5 pour évaluer le degré de vérité de chacun de ces éléments pour vous :

**1** Tout à fait en désaccord **2** Plutôt en désaccord **3** Sans opinion **4** Plutôt d'accord **5** Tout à fait d'accord

1. Mon rêve est d'être tellement bon(ne) dans ce que je fais que mes conseils d'expert seront recherchés en permanence.
2. Je suis pleinement satisfait(e) dans mon travail quand j'ai réussi à intégrer et à gérer les efforts des autres.
3. Je rêve d'avoir une carrière qui me donne la liberté de faire mon travail à ma façon et selon mon propre programme.
4. J'attache plus d'importance à la sécurité et à la stabilité qu'à la liberté et l'autonomie.
5. Je suis toujours à l'affût d'idées qui me permettraient de démarrer ma propre entreprise...
6. J'estimerai avoir réussi ma carrière seulement si j'ai le sentiment de contribuer réellement au bien-être de la société.
7. Je rêve d'une carrière dans laquelle je puisse résoudre ou venir à bout de situations particulièrement difficiles.
8. Je préférerais quitter mon entreprise plutôt que d'être placé(e) sur un poste qui compromet ma capacité à poursuivre mes intérêts personnels et familiaux.
9. Je rêve d'avoir une carrière internationale qui me permette de voyager et de travailler avec des personnes de diverses cultures.
10. J'estimerai avoir réussi ma carrière seulement si je peux développer mes capacités techniques ou fonctionnelles à un très haut niveau de compétence.
11. Je rêve d'être responsable d'une organisation complexe et de prendre des décisions qui touchent nombre de personnes.
12. Je suis pleinement satisfait(e) dans mon travail quand je suis complètement libre de définir mes propres tâches, programmes et procédures.
13. Je préférerais quitter définitivement mon entreprise plutôt que d'accepter une mission qui compromettrait ma sécurité dans cette entreprise.
14. Monter ma propre affaire est plus important pour moi que d'atteindre un haut niveau de management dans l'organisation d'autrui.
15. Je suis pleinement satisfait(e) dans ma carrière lorsque je peux mettre mes talents au service des autres.
16. J'ai le sentiment de réussir dans ma carrière seulement si je peux faire face et surmonter des défis particulièrement retors.
17. Je rêve d'une carrière qui me permette d'intégrer mes besoins personnels, familiaux et professionnels.
18. Travailler à l'étranger m'attire.
19. Devenir directeur de la fonction correspondant à mon domaine d'expertise m'attire plus que d'atteindre un poste de direction générale.
20. J'estimerai avoir réussi dans ma carrière seulement si je deviens directeur général d'une organisation.
21. J'estimerai avoir réussi dans ma carrière seulement si j'atteins une autonomie et une liberté totale.
22. Je recherche des emplois dans des organisations qui me procureront un sentiment de sécurité et de stabilité.
23. Je suis pleinement satisfait(e) dans ma carrière quand j'ai pu construire quelque chose qui est entièrement le fruit de mes idées et efforts.
24. Utiliser mes compétences pour que le monde devienne un endroit plus agréable pour vivre et travailler est plus important pour moi que d'atteindre une position managériale élevée.
25. J'ai été pleinement satisfait(e) dans ma carrière quand j'ai résolu des problèmes apparemment insolubles ou quand je suis venu(e) à bout de situations apparemment impossibles.

---

5. Adapté de Schein, E. H. (1990). *Career Anchors: Discovering Your Real Values.* Pfeiffer & Company, San Diego, California, et mis à jour avec l'ancre internationale.

# Questionnaire : les ancres de carrière[6] (suite)

Utilisez l'échelle de 1 à 5 pour évaluer le degré de vérité de chacun de ces éléments pour vous :

**① Tout à fait en désaccord ② Plutôt en désaccord ③ Sans opinion ④ Plutôt d'accord ⑤ Tout à fait d'accord**

| | Énoncé | 1 | 2 | 3 | 4 | 5 |
|---|---|---|---|---|---|---|
| 26 | J'estimerai avoir réussi dans la vie seulement si j'ai pu trouver un équilibre entre mes besoins personnels, ceux liés à ma famille et ma carrière. | ○ | ○ | ○ | ○ | ○ |
| 27 | J'estimerai avoir réussi dans ma carrière seulement si je parviens à travailler dans un environnement international. | ○ | ○ | ○ | ○ | ○ |
| 28 | Je préférerais quitter mon entreprise plutôt que d'accepter une mission qui me ferait sortir de mon champ d'expertise. | ○ | ○ | ○ | ○ | ○ |
| 29 | Atteindre un poste de direction générale m'attire plus que de devenir directeur de la fonction correspondant à mon domaine d'expertise. | ○ | ○ | ○ | ○ | ○ |
| 30 | L'opportunité de faire mon travail à ma façon, libre de règles et de contraintes, est plus importante pour moi que la sécurité. | ○ | ○ | ○ | ○ | ○ |
| 31 | Je suis pleinement satisfait(e) dans mon travail quand j'éprouve le sentiment d'une sécurité totale sur le plan financier et sur celui de l'emploi. | ○ | ○ | ○ | ○ | ○ |
| 32 | J'estimerai avoir réussi ma carrière seulement si j'arrive à créer ou à élaborer quelque chose qui est ma propre idée ou mon propre produit. | ○ | ○ | ○ | ○ | ○ |
| 33 | Je rêve d'avoir une carrière qui apporte une réelle contribution à l'humanité et à la société. | ○ | ○ | ○ | ○ | ○ |
| 34 | Je recherche des opportunités de travail qui défient fortement mes capacités à résoudre des problèmes et/ou mon goût de la compétition. | ○ | ○ | ○ | ○ | ○ |
| 35 | Équilibrer les exigences de la vie personnelle et professionnelle est plus important pour moi que d'atteindre une position managériale élevée. | ○ | ○ | ○ | ○ | ○ |
| 36 | Je préférerais quitter mon entreprise plutôt que d'accepter une mission qui n'impliquerait pas la possibilité d'une mobilité internationale. | ○ | ○ | ○ | ○ | ○ |
| 37 | Je suis pleinement satisfait(e) de mon travail quand j'ai été capable d'utiliser les compétences et talents rattachés à ma spécialisation. | ○ | ○ | ○ | ○ | ○ |
| 38 | Je préférerais quitter mon entreprise plutôt que d'accepter un travail qui m'empêcherait d'atteindre une position de management général. | ○ | ○ | ○ | ○ | ○ |
| 39 | Je préférerais quitter mon entreprise plutôt que d'accepter un travail qui réduirait mon autonomie et ma liberté. | ○ | ○ | ○ | ○ | ○ |
| 40 | Je rêve d'avoir une carrière qui me permette d'éprouver un sentiment de sécurité et de stabilité. | ○ | ○ | ○ | ○ | ○ |
| 41 | Je rêve de démarrer et de développer ma propre affaire. | ○ | ○ | ○ | ○ | ○ |
| 42 | Je préférerais quitter mon entreprise plutôt que d'accepter une mission qui amoindrirait mes capacités d'être au service des autres. | ○ | ○ | ○ | ○ | ○ |
| 43 | Travailler sur des problèmes quasiment insolubles est plus important pour moi que d'atteindre une position managériale élevée. | ○ | ○ | ○ | ○ | ○ |
| 44 | J'ai toujours cherché des opportunités de travail qui minimisent les interférences avec les préoccupations personnelles ou familiales. | ○ | ○ | ○ | ○ | ○ |
| 45 | Je rêve d'avoir une carrière qui me permette d'avoir des responsabilités internationales. | ○ | ○ | ○ | ○ | ○ |

Parmi vos scores les plus élevés, isolez trois propositions avec lesquelles vous êtes le plus en accord (notez le numéro leur correspondant, 1 à 45).

Ce sont les propositions :

---

6. Adapté de Schein, E. H. (1990), *Career Anchors: Discovering Your Real Values.* Pfeiffer & Company, San Diego, California, et mis à jour avec l'ancre internationale.

## Scores

1. Transférez les notes du questionnaire dans la grille ci-dessous.
2. N'oubliez pas d'ajouter 4 points aux trois propositions isolées à la fin du questionnaire.
3. Calculez le total de chacune des colonnes.

*Grille*

| | TECH | MG | AUT | SEC | CRE | CAU | DEF | VIE | INTER |
|---|---|---|---|---|---|---|---|---|---|
| | (1) | (2) | (3) | (4) | (5) | (6) | (7) | (8) | (9) |
| | (10) | (11) | (12) | (13) | (14) | (15) | (16) | (17) | (18) |
| | (19) | (20) | (21) | (22) | (23) | (24) | (25) | (26) | (27) |
| | (28) | (29) | (30) | (31) | (32) | (33) | (34) | (35) | (36) |
| | (37) | (38) | (39) | (40) | (41) | (42) | (43) | (44) | (45) |
| | | | | | | | | | |
| TOTAL | | | | | | | | | |

Votre ou vos plus hauts scores indiquent vos orientations de carrière.

TECH :   ancre technique
MG :   ancre managériale
AUT :   ancre autonomie
SEC :   ancre sécurité/stabilité
CRE :   ancre créativité
CAU :   ancre dévouement à une cause
DEF :   ancre défi pur
VIE :   ancre qualité de vie
INTER :   ancre internationale

Le site *L'expatriation : préparez votre projet de mobilité internationale* vous permet également de remplir le questionnaire des ancres de carrières et vous suggère des recommandations pour votre mobilité internationale.

# 2 | À la recherche du gène global

### Repères et objectifs
**Réussir à l'international nécessite des compétences interculturelles spécifiques.**

L'objectif de ce chapitre est de :
→ définir ce que l'on entend par adaptabilité ;
→ vous présenter quatre « mesures » de l'adaptabilité qui ont été testées sur un échantillon d'expatriés français ;
→ vous aider à mieux cerner le niveau de votre adaptabilité.

Pourquoi certaines personnes réussissent-elles mieux que d'autres à l'international ? Cette question est fondamentale pour ceux qui interviennent dans la gestion de la mobilité internationale des personnes. Elle est également centrale pour toutes les personnes qui souhaitent vivre une expérience internationale. Être capable d'y répondre reviendrait à diminuer les risques d'échec.

Les facteurs explicatifs de la réussite internationale sont nombreux, allant de l'adaptation de la personne à son travail à ses contacts avec les membres de la culture d'accueil, sans oublier les conditions générales de vie, l'autonomie dans le travail, le soutien fourni par l'entreprise, la culture du pays d'expatriation ou les qualités propres à chaque individu.

C'est à ces qualités individuelles, regroupées sous le terme d'adaptabilité, que nous allons maintenant nous attacher.

# Qu'est-ce que l'adaptabilité ?

Le dictionnaire *Le Grand Robert* définit l'adaptabilité comme « l'aptitude d'un individu à modifier sa structure ou son comportement pour répondre harmonieusement à de nouvelles conditions de vie, de nouvelles situations ».

Le défi posé aux managers et aux consultants amenés à sélectionner les personnes sur la base de leurs qualités personnelles est double. Il s'agit d'abord de repérer les dimensions de l'adaptabilité et ensuite d'être capable de les mesurer. Ce défi est identique pour ceux qui s'interrogent sur leur capacité d'adaptation internationale. Repérer ces qualités n'est pas une mince affaire. L'unanimité n'existe pas sur les caractéristiques individuelles essentielles à l'adaptation des expatriés. Les checklists de ces qualités ne manquent pas. Par exemple, nous pouvons y trouver pêle-mêle la flexibilité, le sens de l'humour, la maturité, la connaissance de soi, la confiance en soi, l'estime de soi, la stabilité émotionnelle – qui englobe la résistance au stress, la tolérance à l'ambiguïté et à la frustration, la capacité à réduire l'anxiété – la curiosité, l'empathie et l'ouverture d'esprit. Cette liste n'est pas exhaustive...

Par ailleurs, les qualités avancées ici ne sont pas attachées uniquement à celles estimées incontournables chez les expatriés. Elles pourraient aussi s'avérer indispensables pour s'exprimer efficacement dans beaucoup de situations, quelles soient internationales ou non.

> Pour être qualifiée de mobile, une personne doit décider d'aller
> à l'international, s'adapter et réussir aussi bien son séjour international
> que son retour dans le pays d'origine.

# Quatre mesures clés de l'adaptabilité

Des mesures faites après avoir repéré dans les travaux de recherches des qualités directement corrélées à l'adaptation ont permis, au sein d'une population d'expatriés, de mesurer quatre qualités incontournables qui balisent les différentes dimensions de l'adaptation internationale :

- la **confiance des personnes** en leurs compétences techniques explique principalement l'adaptation au travail ;
- la **capacité de substitution** (pouvoir remplacer ce que l'on apprécie dans son pays d'origine par ce qui est disponible dans le pays d'accueil) ;

la qualité de « non-retrait » (ne pas se retirer dans des zones de stabilité pour faire face au stress engendré par le milieu peu familier que constitue le contexte international). Le non-retrait est en quelque sorte une manière de mesurer la gestion du stress par les personnes. La qualité de non-retrait s'avère également nécessaire pour interagir avec les membres de la culture d'accueil ;

> Une hypothèse, avancée il y a une vingtaine d'années, établissait un lien positif entre la capacité de l'individu à se retirer dans des zones de stabilité et l'adaptation des personnes. Ces zones de stabilité, semblables à des coquilles dans lesquelles les personnes pouvaient se réfugier en cas de tempête (difficulté dans la nouvelle culture), étaient supposées faciliter l'adaptation. Cette théorie, confrontée à la réalité des expatriés, nous conduit à présenter le résultat opposé : les personnes qui affrontent la tempête sont celles qui s'adaptent le mieux. Pour élargir son horizon de connaissances, encore faut-il être mis en présence de nouveautés. Le tout est de ne pas se laisser emporter par la tempête, une autre façon de décrire le choc culturel. Le décryptage d'une nouvelle situation culturelle complexe bénéficiera de l'aide d'autrui et trouvera rarement une réponse dans une activité refuge.

la capacité d'ouverture et l'intérêt porté aux cultures étrangères, et en particulier à leurs membres.

## Aller au-delà de ce qui est mesurable

Les quatre qualités que nous venons de mentionner ne sont qu'une mesure de l'adaptabilité. Elles constituent une avancée en proposant une trentaine d'items permettant à chacun de se situer.

Elles permettent d'aller un peu plus loin que la technique du flair, qui repose principalement sur un outil cher à Cyrano de Bergerac, le nez ! Cette avancée permet de supplanter la perception globale en instillant une approche par critères, mais elle reste cependant modeste, dans la mesure où l'adaptabilité ne saurait se limiter à ces dimensions. Aujourd'hui, l'ambition est de progresser dans la connaissance des critères les plus pertinents.

Les chercheurs dans le domaine de la mobilité internationale poursuivent des pistes passionnantes. Les cinq grandes caractéristiques de la personnalité que sont l'extraversion, une attitude de collaboration, une conscience professionnelle, une stabilité émotionnelle, et l'intellect, ont été testées quant à leur capacité à prévoir la réussite des expatriés[1].

----

1. Caligiuri, P. (2000), « The five big personality characteristics as predictors of expatriate's desire to terminate the assignment and supervisor-rated performance », *Personnel Psychology*, 53(1), 67-88.

Ce sont avant tout des mécanismes d'adaptation universels, qui fonctionnent aussi bien pour la réussite des expatriés que pour d'autres populations. Cependant, cet aspect universel ne manque pas de susciter quelques interrogations, dans ce domaine où les différences culturelles ont leur rôle à jouer : certaines qualités peuvent être d'une efficacité redoutable dans certains environnements culturels, et conduire à des résultats plus mitigés, voire contraires, dans d'autres environnements culturels. Aussi, à l'approche universelle préférons-nous l'approche contingente à ces cultures particulières.

Les compétences culturelles sont difficiles à mesurer et les mesures existantes ne sont pas encore convaincantes. Néanmoins, toute personne peut déjà interroger ses propres compétences.

## Seriez-vous porteur d'un « gène global » ?

Dans un ouvrage sur le développement des cadres internationaux[2], les auteurs se demandent si les personnes orientées à l'international ne seraient pas porteuses d'un « gène global ».

Selon les auteurs, les psychologues ont de plus en plus tendance à expliquer les différences de disposition individuelle envers la mobilité internationale par des caractéristiques génétiques.

Cependant, les auteurs sont intrigués par les cas de personnes mobiles isolées dans leur famille. Ils ne parviennent pas à expliquer pourquoi, dans leur étude de 101 talents, certains d'entre eux sont, dans leur famille, les seuls à avoir un parcours international qui les a conduits à travailler sur différents continents. En plus d'avoir été les seuls attirés par l'international au regard de leur contexte familial, ils ont aussi parfaitement su s'adapter aux contextes culturels variés de leurs différentes expériences internationales.

Parcourant le monde pour rencontrer ces 101 talents, considérés comme de véritables leaders globaux par leurs entreprises, les auteurs n'ont pu isoler ce gène global. D'ailleurs, leur objectif consiste davantage à poser la question qu'à y trouver une réponse.

Ils ont en revanche trouvé 101 personnes singulières avec des histoires de vie passionnantes. Aucune réponse simple et universelle n'émerge. Les talents internationaux sont souvent comparés à des leaders internationaux, aussi un parallèle avec la question centrale du leadership peut être établi ici. De même que

---

2. McCall, M. W., & Hollenbeck, G. P. (2002), *Developing global executives*, Editions Harvard Business School Press.

la question « Naît-on ou devient-on leader ? » n'a à ce jour pas été tranchée, la question « Naît-on avec les capacités de s'adapter ou acquiert-on ces capacités par les expériences internationales ? » reste elle aussi ouverte.

## Comment développer ses capacités d'adaptation

Le gène global, dans l'hypothèse où il existe, ne semble pas suffisant. Un cadre international doit maîtriser un ensemble de compétences qui s'acquièrent essentiellement par des expériences successives[3]. Poser la question du développement des personnes à l'international revient à considérer que les capacités à s'adapter peuvent s'acquérir.

Cependant, reste à savoir quand commencer ? L'orientation à l'apprentissage pour le succès des expatriés n'est pas une découverte actuelle. Là aussi, c'est une capacité qui dépasse largement le domaine de l'international, même si le contexte international peut susciter une invitation à l'apprentissage plus forte que le contexte national.

Pour s'adapter, encore faut-il en avoir la volonté. Ce n'est pas parce que l'on accepte de partir travailler et vivre à l'étranger que l'on possède les qualités nécessaires pour s'adapter.

La question de l'adaptabilité de l'expatrié devrait être étendue à l'ensemble des personnes qui accompagnent l'expatrié. Là encore, l'universalité des qualités semble poser problème.

---

3. McCall, M. W., & Hollenbeck, G. P. (2002), *Developing Global Executives*, Editions Harvard Business School Press.

**Pistes d'action**   Testez votre adaptabilité avec l'aide du quiz, en mesurant chacune des quatre qualités liées à l'expatriation :

la confiance en soi, la capacité de substitution, la qualité de non-retrait et la capacité d'ouverture.

Pour chacune de ces qualités, cherchez des exemples concrets de votre façon de les mettre en œuvre, notamment lors d'expériences, professionnelles ou non, où vous avez été en contact avec des personnes d'autres cultures, aussi bien à l'étranger que dans votre propre pays.

Multipliez les rencontres interculturelles afin de renforcer votre capacité à interagir avec des personnes qui ont d'autres cadres de référence que vous.

Demandez aux personnes de votre entourage comment elles vous perçoivent dans vos interactions avec des personnes d'autres cultures. Vous perçoivent-elles porteur(se) d'un « gène global » ou au contraire peu tolérant(e) à la différence ?

**Pistes Internet** ▶

**Synthèse multimédia** *Le recrutement et la rémunération* (thème n° 2).
**Fiche détaillée** *L'adaptabilité de l'expatrié.*
**Guide personnel** *Vos capacités d'adaptation* (questionnaire n° 1).

# Quiz : adaptabilité

Dans une situation peu familière, les personnes semblent réagir différemment. Évaluez vos capacités d'adaptation dans un environnement étranger : pour chacune des 21 affirmations suivantes, indiquez dans quelle mesure vous êtes en désaccord ou en accord avec elles en utilisant l'échelle présentée ci-dessous.

① Tout à fait en désaccord  ② Plutôt en désaccord  ③ Sans opinion  ④ Plutôt d'accord  ⑤ Tout à fait d'accord

**Pour répondre, cochez la case correspondant à la réponse la plus appropriée.**

○ Avoir de nombreux contacts avec la culture d'accueil est important à l'étranger.

☐ J'apprends facilement à apprécier de nouvelles activités.

○ Je voudrais avoir plus d'amis étrangers.

○ À l'étranger, je cherche à comprendre la culture des membres du pays d'accueil.

☐ En général, j'ai confiance en mes capacités en langues étrangères.

❖ Parce que je peux trouver de nouvelles activités appréciables, à l'étranger, je n'ai pas le mal du pays.

○ Il est intéressant et agréable de rencontrer et apprendre à connaître des personnes d'autres pays.

✧ Je me retire temporairement dans mes activités favorites (passe-temps, journal, pratiques religieuses...) pour faire face au stress engendré par un milieu peu familier.

☐ J'ai déjà eu recours à des compétences similaires à celles nécessaires pour un poste à l'étranger.

○ J'aime essayer de nouvelles nourritures et de nouveaux plats.

❖ La plupart des pays étrangers ont des activités intéressantes et plaisantes qui ne sont pas communes dans mon pays d'origine.

☐ Je suis qualifié(e) professionnellement pour travailler à l'étranger.

❖ La plupart des pays étrangers ont une bonne nourriture qui n'est pas commune dans mon pays d'origine.

✧ Maintenir sa propre identité culturelle n'est pas important quand on est à l'étranger.

○ Il est intéressant et plaisant de s'initier à de nouvelles cultures.

✧ Lorsque je me trouve dans un environnement peu familier, je n'ai pas besoin de me réfugier dans des activités que j'affectionne tout particulièrement.

✧ À l'étranger, mes principales références sont aussi bien les valeurs et croyances de mon pays d'origine que celles du pays d'accueil.

☐ J'ai confiance en mes compétences professionnelles pour travailler à l'étranger.

❖ Même si un pays étranger n'offrait pas les choses que j'apprécie dans mon pays d'origine, je les remplacerais facilement.

☐ Je possède les compétences professionnelles nécessaires pour une mission à l'étranger.

❖ Parce que je me fais facilement de nouveaux amis, quand je suis à l'étranger, mon pays d'origine ne me manque pas trop.

## Scores

Pour estimer vos scores, merci de calculer les points attribués
aux ○ □ ❖ ✧ à l'aide du tableau suivant.

| | ○ | □ | ❖ | ✧ |
|---|---|---|---|---|
| | | | | |
| | | | | |
| | | | | |
| | | | | |
| | | | | |
| | | | | |
| TOTAL | | | | |

Pour les ○ : si vous avez entre 24 et 30 points, votre capacité
d'ouverture est excellente.

Pour les □ : si vous avez entre 24 et 30 points, votre confiance
en vos compétences pour une mobilité internationale
est excellente.

Pour les ❖ : si vous avez entre 20 et 25, votre capacité de substitution
est excellente.

Pour les ✧ : si vous avez entre 16 et 20, votre capacité de non-retrait
est excellente.

Le site *L'expatriation : préparez votre projet de mobilité internationale !* vous
propose ces mesures et d'autres encore concernant l'adaptabilité. Une restitu-
tion graphique et un commentaire pour l'ensemble de vos résultats concernant
chacune de ces mesures vous est donné. Ces mesures ne sont que des estima-
tions et une incitation à la réflexion plutôt que des résultats définitifs sur vos
compétences à vous adapter à d'autres cultures.

# 3 | L'énigme de la disposition des personnes envers la mobilité internationale

## Repères et objectifs

Certaines personnes partiraient quelles que soient les circonstances. Au contraire, d'autres ne partiraient pas, même pour tout l'or du monde. Vous vous situez peut-être entre ces deux extrêmes comme la majorité des personnes.

Ce chapitre a pour objectif de vous aider à examiner votre disposition envers la mobilité internationale. Aussi, vous est-il proposé de :

→ penser la mobilité au-delà de l'expatriation traditionnelle ;

→ examiner les types de disposition – conditionnelles ou inconditionnelles – afin de vous aider à vous situer ;

→ passer en revue les différents facteurs qui ont un impact sur la disposition des personnes envers la mobilité internationale.

La disposition des personnes envers la mobilité internationale est un aspect de la mobilité internationale insuffisamment connu. Pourquoi certaines personnes seraient-elles davantage disposées envers la mobilité internationale que d'autres ? Cette question reste encore une énigme.

© Groupe Eyrolles

# La mobilité internationale est plurielle

Une première difficulté dans l'examen de la disposition des personnes envers la mobilité internationale réside dans la diversité des types de mobilités internationales.

La forme la plus traditionnelle est l'**expatriation,** qui est une mobilité internationale temporaire intra-entreprise. C'est dans ce cas de figure l'entreprise qui affecte une personne à l'international pour une durée déterminée.

Parmi les autres formes de mobilité internationale, citons l'**eurocommuting.** La personne travaille la semaine dans un pays européen et rentre le week-end dans son pays d'origine où réside sa famille.

La mobilité internationale à l'**initiative totale de l'individu** est en plein développement. Ce dernier décide de s'expatrier et va s'installer, pour une durée plus ou moins longue, dans un pays étranger.

Certaines personnes se limitent à une **mobilité virtuelle,** qui les fait voyager le plus souvent dans différentes zones du monde sans quitter leur pays d'origine, ni même leur bureau. Parfois, elles se déplacent pour des missions courtes.

Examiner sa disposition envers la mobilité internationale oblige à considérer les différents types de mobilité. Que représente pour vous la mobilité internationale, aussi bien au niveau professionnel que personnel ? C'est une des questions centrales lorsque l'on s'interroge sur sa disposition envers la mobilité internationale.

## Des profils hétérogènes

Certains peuvent ne pas être disposés du tout envers la mobilité internationale, quelles que soient les circonstances. Nous les appellerons les « non-mobiles inconditionnels ». D'autres, à l'inverse, sont toujours disposés envers la mobilité internationale, quelles que soient les circonstances. Ce sont les « mobiles inconditionnels ». Entre les deux, les « mobiles conditionnels » vont conditionner leur mobilité à des circonstances particulières.

La connaissance de ces circonstances contribue fortement à l'appréciation de la disposition des personnes envers la mobilité internationale. Ces circonstances incluent notamment une dimension géographique – à savoir les destinations qu'une personne pourrait envisager – et une dimension temporelle.

Sans être exhaustif, la dimension géographique recoupe des dichotomies telles que pays développés/pays en voie de développement, pays à risques/pays sûrs, pays à conditions climatiques agréables/pays à conditions climatiques difficiles, environnement rural/environnement urbain, capitales/autres villes.

La dimension temporelle comprend le ou les moments de cette mobilité dans la vie de la personne et la durée de la ou des mobilités. Le type de mobilité qui convient à la personne peut aussi varier dans le temps.

TABLEAU 1 – PROFILS ET DÉCISIONS

| Profils | Décision envers la mobilité internationale |
|---|---|
| Mobiles inconditionnels | Toujours prêts à partir |
| Mobiles conditionnels | Cela dépend des circonstances |
| Non mobiles inconditionnels | Toujours une bonne raison pour ne pas partir |

Être disposé à un moment donné ne signifie bien entendu pas que la personne décidera de partir si une possibilité concrète se présente à un autre moment. C'est toute la différence entre une attitude et un comportement : je peux tout à fait être disposé favorablement envers un type de mobilité et ne jamais prendre la décision de partir.

Quelques recherches ont montré qu'il existait une corrélation entre la disposition des personnes envers la mobilité internationale et la décision de véritablement partir à l'international. Cependant, cette corrélation ne garantit pas une association directe entre la disposition et le fait de partir : comme nous l'avons dit, une personne peut affirmer qu'elle est disposée envers la mobilité internationale à un moment donné et refuser une mobilité qui lui sera proposée ensuite. D'ailleurs, une des difficultés majeures pour étudier la disposition des personnes envers la mobilité internationale relève de son instabilité potentielle dans le temps. Aussi semble-t-il pertinent de jauger cette disposition régulièrement.

## Évaluer sa disposition envers la mobilité internationale

Connaître la disposition des personnes envers la mobilité internationale est fondamental pour **les entreprises** qui ont besoin d'expatrier. Elles doivent en effet être capables d'identifier rapidement quels sont les salariés compétents parmi ceux qui souhaitent partir. Les entreprises peuvent évaluer cette disposition dans le cadre d'entretiens d'évaluation.

**Les salariés** ont également intérêt à s'interroger régulièrement sur leur disposition afin d'être mieux armés lorsqu'une possibilité de partir se présente.

Cette connaissance est d'autant plus importante qu'il existe un lien entre la disposition des personnes et leur adaptation internationale.

En effet, les recherches sur l'adaptation internationale ont montré que les expatriés peu disposés envers la mobilité ont plus de difficultés à s'adapter que ceux qui sont enthousiastes pour partir. Aussi est-il indispensable de réfléchir à sa disposition envers la mobilité internationale afin d'en appréhender les conséquences en termes de réussite.

> S'interroger sur sa propre disposition, c'est envisager la possibilité d'une mobilité internationale de manière plus réaliste.

## Facteurs influant sur la disposition envers la mobilité internationale

Deux courants principaux s'intéressent à la disposition des personnes envers la mobilité géographique.

Le premier courant étudie la **disposition relative** envers la mobilité internationale lorsque les particularités de la mobilité géographiques sont examinées. Il se focalise sur l'attitude des salariés envers les caractéristiques de leur nouvelle affectation potentielle.

Le second courant, connu comme l'étude de la **disposition envers la mobilité dans l'absolu,** est le plus dense en termes de production. Il examine la disposition indépendamment du lieu d'affectation. La variable géographique est alors abstraite. Cela peut paraître surprenant, les personnes prennent habituellement leur décision de mobilité géographique en tenant compte en particulier du lieu d'affectation. Néanmoins, ce courant comporte l'avantage de mettre en exergue les principaux déterminants de la disposition des personnes envers la mobilité internationale.

### La disposition absolue : quatre variables majeures

La disposition des personnes envers la mobilité géographique dans l'absolu a surtout été étudiée dans le cadre d'une mobilité nationale par des chercheurs nord-américains. Trois d'entre eux[1] ont proposé, à partir d'une revue détaillée de

---

1. Brett, J. M., Stroh, L. K. & Reilly, A. H. (1993), « Pulling up roots in the 1990s: Who's willing to relocate ? », *Journal of Organizational Behavior, 14,* 49-60.

dix-sept études sur le sujet, quatre catégories de facteurs prédisant la disposition des salariés à être mobiles.

## Des variables démographiques

Le premier facteur regroupe des variables démographiques comme l'âge, le sexe ou la formation des personnes.

Certaines études établissent que les femmes seraient moins mobiles que les hommes, et que la mobilité des personnes diminuerait en fonction du nombre d'enfants. Cependant, les résultats ne sont pas convaincants.

La seule variable démographique qui pourrait expliquer la disposition envers la mobilité internationale serait l'âge, avec une disposition plus forte chez les jeunes.

## Les caractéristiques de la carrière

Le second facteur rassemble diverses caractéristiques de la carrière comme la fonction, la mobilité antérieure ou l'ancienneté dans un poste ou dans une entreprise et la rémunération.

Seule la variable « revenu » semble avoir un impact sur la mobilité. Les personnes à faibles revenus seraient davantage disposées à être mobiles que les autres. La mobilité internationale est en effet souvent associée dans l'esprit des personnes à une augmentation de revenus.

Ce résultat obtenu à un niveau national, dans le contexte nord-américain, doit cependant être relativisé dans le contexte d'une mobilité internationale.

De plus, dans le cadre des couples, le revenu du foyer semble plus pertinent. La mobilité internationale peut en effet constituer une augmentation importante de salaire pour une personne mais une augmentation faible du revenu de son foyer, voire une absence d'augmentation (et plus exceptionnellement une diminution).

## Attitudes et attentes envers la carrière

Le troisième facteur se compose des attitudes et des attentes des personnes envers la carrière.

Plus les personnes auraient des ambitions pour leur carrière, plus elles seraient disposées favorablement envers la mobilité internationale.

## Disposition du conjoint

Le quatrième facteur porte sur la disposition du conjoint ou du partenaire dans un couple. Il y a déjà une dizaine d'années, les trois chercheurs nord-américains trouvaient que l'indicateur le plus puissant pour expliquer la disposition d'une personne envers la mobilité était la disposition de son conjoint.

Le phénomène des doubles carrières se développant, avec les deux membres du couple impliqués dans leur carrière, la compréhension de la disposition d'une personne nécessite d'inclure celle qui partage sa vie. Une personne disposée favorablement envers la mobilité internationale peut devenir non disposée pour respecter le choix de son conjoint.

Les entreprises risquent de se heurter de plus en plus à ces dispositions divergentes qui reviennent finalement à une non-disposition de la personne qu'elles souhaitaient transférer à l'international.

## La disposition relative et l'attachement au pays d'origine

La disposition relative tient compte des particularités de l'affectation géographique. Elle est relative par rapport au pays d'affectation ou de destination, mais aussi par rapport au pays d'origine.

Le concept de communauté, un ensemble de personnes vivant dans une zone géographique particulière, est alors central à l'étude de la disposition relative. La question de la communauté peut être posée en termes :

- de similarité entre les deux communautés impliquées dans le transfert ;
- de satisfaction envers sa communauté d'origine ;
- d'attachement à sa communauté d'origine.

Les aspects étudiés concernent l'environnement social de l'individu au sein de sa communauté, son réseau relationnel et son environnement géographique, qui inclut notamment le climat et la densité urbaine. Ces aspects de la communauté se focalisent essentiellement sur les caractéristiques du lieu de départ et de destination auxquelles sont rattachés un ensemble d'avantages et d'inconvénients variant en fonction des individus. Aussi, si la destination fait la différence, c'est souvent en référence à la communauté actuelle dans laquelle évolue l'individu.

La satisfaction et l'implication d'un salarié par rapport à sa communauté d'origine peuvent réduire sa disposition à accepter un transfert géographique. La rupture potentielle des réseaux sociaux et la perte d'accès à certaines activités civiques ou de loisirs risquent d'entraîner une résistance vis-à-vis du transfert chez des salariés impliqués ou satisfaits de ces aspects de leur communauté. Les auteurs utilisent le terme générique d'attachement à une communauté.

L'attachement de la personne à sa communauté dans son pays d'origine, au sens de son environnement de vie, pourrait constituer un élément déterminant de la disposition d'une personne envers la mobilité internationale.

En gestion des ressources humaines, le concept d'**implication organisationnelle** décrit très bien le « lien » qui existe entre un individu et une organisation. Ce lien peut être de plusieurs types[2] :
- **l'implication affective** traduit l'idée d'un lien affectif ou émotionnel d'un salarié envers son organisation ;
- **l'implication calculée** est plutôt le reflet d'un lien de compromis : l'individu reste attaché à l'organisation parce qu'il considère que la quitter reviendrait à perdre l'investissement effectué. Elle mesure les conséquences perçues par l'individu s'il quittait volontairement l'entreprise ;
- **l'implication normative** se focalise sur la notion de devoir moral envers l'organisation.

Nous proposons ici de transposer le concept d'implication organisationnelle à celui d'implication à son pays, au lien entre un individu et son pays :
- l'implication affective au pays reflète le lien émotionnel que peut avoir un individu avec son pays. Rompre ce lien paraît difficile ;
- l'implication calculée au pays mesure ce que l'individu estime perdre s'il quitte son pays d'origine pour un autre pays, même temporairement. Elle peut être très liée à son cadre de vie, à son système de soin, à sa protection sociale, etc. Aussi, la perception d'une perte peut paraître difficilement acceptable, sauf si l'individu perçoit une compensation suffisante ;
- l'implication normative au pays d'origine passe par la perception que l'on doit quelque chose à son pays. Le quitter serait le trahir.

L'implication d'une personne à son pays d'origine ou à un environnement de vie donné forme le cœur de la compréhension de la disposition des personnes envers la mobilité internationale.

La recherche sur la disposition des individus envers la mobilité contribue pleinement à la compréhension des facteurs influençant leur décision d'accepter ou non un transfert. Une population particulièrement stratégique aujourd'hui pour les entreprises est celle des jeunes diplômés, les mobiles ou non-mobiles de demain. S'ils n'y vont pas, en particulier les meilleurs d'entre eux, les entreprises auront un problème de renouvellement des talents.

Mais la disposition concerne aussi tous les âges. Elle reste malheureusement au niveau du mythe pour beaucoup... Or une bonne décision de mobilité internationale doit s'appuyer sur des éléments concrets.

---

2. Meyer, J.P. & N.J. Allen (1991), « A three-component conceptualization of organizational commitment », *Human Resource Management Review*, vol. 1, n° 1, 61-89.

**Pistes d'action**   *Testez votre disposition envers la mobilité internationale avec l'aide du quiz. À quelle catégorie appartenez-vous : disposé ou non disposé ? Conditionnel ou inconditionnel ?*

*Listez les pays où vous partiriez sans problème et ceux où, au contraire, vous hésiteriez à partir. Pour chacun de ces pays, identifiez les raisons de votre attirance ou de votre rejet.*

*Passez du mythe à la réalité de la mobilité internationale en vous interrogeant concrètement sur votre disposition envers la mobilité internationale, aujourd'hui ou dans le futur.*

**Pistes Internet** ▶

**Synthèse multimédia** *Gestion du retour, les acteurs de la carrière* (thème n° 3).
**Fiche détaillée** *La disposition des personnes.*
**Guide personnel** *Votre attachement à votre environnement actuel* (questionnaire n° 4) et *La place de la mobilité internationale dans votre projet de vie* (questionnaire n° 5).

# Quiz : disposition envers la mobilité internationale

## Merci de cocher une et une seule case pour chaque question.

**1** — Je serais prêt à partir :
Dans n'importe quel pays — A
Seulement dans certains pays — B
Dans aucun pays — C

**2** — Une mobilité internationale serait envisageable avec des enfants :
Que très exceptionnellement — C
Si elle ne contrarie pas leurs études — B
Quel que soit l'âge des enfants — A

**3** — Par rapport à mon pays :
Tous les pays peuvent offrir quelque chose d'intéressant — A
Aucun autre pays ne peut l'égaler — C
Certains pays pourraient offrir l'équivalent de ce que j'ai dans mon propre pays — B

**4** — Toujours par rapport à mon pays :
Difficile de trouver ailleurs la même qualité de soins — C
Peu importe le pays, il y a toujours un moyen de se faire soigner — A
Certains pays ne sont pas envisageables pour une mobilité internationale à cause de leur système de santé — B

**5** — Pour la carrière, une mobilité internationale :
Est toujours un atout — A
Peut être favorable — B
Est presque à coup sûr source de difficultés — C

**6** — Par rapport à l'âge :
Quel que soit l'âge, la mobilité internationale s'avère trop risquée — C
Certains âges sont plus favorables que d'autres pour une mobilité — B
On peut partir à tout âge — A

**7** — Pour une décision de mobilité, la question du climat :
Constitue une barrière insurmontable — C
N'a aucune importance — A
Est un élément parmi d'autres à prendre en compte — B

**8** — Avec une rémunération attractive une mobilité internationale :
C'est encore mieux — A
Reste non attractive — C
Pourrait être envisagée — B

**9** — Quand on vit en couple, une mobilité internationale :
Peut être envisagée seulement si le partenaire/conjoint peut trouver un travail ou une activité — B
Est toujours possible, une solution pour le partenaire/conjoint pouvant toujours être trouvée — A
N'est pas envisageable car cela complique trop la vie du partenaire/conjoint — C

**10** — Une mobilité internationale signifierait :
Laisser trop d'amis derrière soi — C
Une possibilité si le lien avec des amis chers peut être maintenu — B
L'opportunité de se faire d'autres amis — A

## Scores

Pour calculer votre score, comptez vos A, B, C. Pour être sûr de ne pas en avoir oublié, vérifiez que votre score total est bien égal à 10.

| | SCORE |
|---|---|
| A | |
| B | |
| C | |
| TOTAL | 10 |

A : j'y vais toujours !
Si vous avez une majorité de A, vous seriez plutôt un mobile inconditionnel. Vous seriez toujours partant.

B : j'y vais mais...
Si vous avez une majorité de B, vous seriez plutôt un mobile conditionnel. Vous ne seriez partant que sous certaines conditions.

C : je n'y vais pas.
Si vous avez une majorité de C, vous seriez plutôt un non-mobile inconditionnel. La mobilité internationale comporterait trop d'inconvénients pour vous.

Attention : bien évidemment, ces résultats ne sont qu'une invitation à creuser davantage votre disposition et ne sont en rien une mesure définitive de votre disposition.

# 4 | « *Money, money, money* » : la théorie du chauffeur de taxi

**Repères et objectifs**

Qu'est-ce qui motive une personne pour partir à l'étranger ? C'est une question importante car motivation et réussite à l'international sont indissociables. Aussi ce chapitre a pour objectifs de :

→ présenter les motifs principaux qui poussent les personnes à partir ;

→ identifier les motifs favorables à l'adaptation internationale ;

→ identifier les motifs défavorables, notamment ceux qui relèvent de la fuite.

Je me souviens d'une conversation avec un chauffeur de taxi en Angleterre, me ramenant d'une université à mon hôtel. À sa demande concernant l'objet de mon voyage, je lui ai répondu que je faisais des recherches sur les expatriés avec un groupe de chercheurs internationaux. À titre d'illustration, je lui expliquais que nous nous intéressions à des questions telles que la motivation des personnes envers la mobilité internationale. Pourquoi une personne part-elle travailler à l'étranger ? Sa réaction fut rapide. Il avait la réponse. Cette réponse était évidente et il n'y avait pas besoin de faire des recherches à ce sujet : « *Money, money, money* ». Il avait lui-même quitté un pays sans perspective économique pour un pays où il gagnait suffisamment d'argent pour subvenir à ses besoins et envoyer le reste à sa famille qui n'avait pu le suivre. Dans ce cas, le moteur économique prime tous les autres.

Dans le cas de figure d'une expatriation plus classique, où une entreprise envoie une personne pour quelques années dans un autre pays, la problématique est cependant différente. La variable économique est moins évidente, même si la mobilité internationale peut signifier une augmentation de revenu.

# Le développement professionnel au centre de la motivation

Qu'est-ce qui motive certaines personnes pour partir vivre et travailler à l'international ? Les réponses apportées à cette question se résument le plus souvent à une liste de motifs, classés du plus important au moins important.

Les trois motifs les plus souvent avancés par les premières recherches menées une vingtaine d'années en arrière sont, par ordre d'importance décroissante : un désir pour de nouvelles expériences, de meilleures conditions financières et enfin l'évolution de carrière. Les recherches récentes parviennent à des résultats proches, où les trois grandes stratégies des personnes vis-à-vis de l'expatriation sont : la carrière, la rémunération et un projet personnel comme la découverte d'une autre culture.

Ces motivations sont exprimées par des cadres français à partir d'une liste de motivations qui leur est soumise avec la possibilité d'ajouter d'autres motifs s'ils le souhaitent.

Dans une de nos récentes investigations, nous avons demandé à des expatriés français de classer, parmi douze motivations, les cinq plus importantes dans leur décision d'accepter une affectation internationale. Les résultats sont présentés dans le tableau suivant.

Le développement professionnel est cité comme étant la motivation la plus importante pour les expatriés dans leur décision d'accepter une affectation internationale. La carrière apparaît alors, à l'instar des études précédentes, comme une motivation essentielle. Ce résultat renforce l'idée que la carrière nomade ou sans frontière s'impose. Cette carrière est notamment définie par une relation d'emploi dans laquelle l'entreprise obtient une performance et une flexibilité des salariés en échange du développement de leur employabilité.

Cette employabilité est devenue fondamentale dans une carrière où le salarié franchit fréquemment des frontières organisationnelles. La mobilité internationale faciliterait ce franchissement en développant les compétences des expatriés.

TABLEAU 2 – MOTIVATIONS À LA MOBILITÉ INTERNATIONALE

| Motivations | Parmi les 5 plus importants |
|---|---|
| Développement professionnel | 77,0 % |
| Défi personnel | 65,0 % |
| Considérations monétaires | 62,4 % |
| Importance du travail lui-même | 61,9 % |
| Situation géographique de l'affectation | 56,8 % |
| Considérations familiales (non reliées au travail) | 47,1 % |
| Futures opportunités d'avancement | 45,4 % |
| Encouragement du conjoint ou du partenaire | 33,1 % |
| Scénario normal d'avancement de carrière | 32,3 % |
| Succès anticipé dans le travail | 25,4 % |
| Peur d'opportunités réduites pour la progression de sa carrière dans l'entreprise | 22,6 % |
| Encouragement des collègues et des supérieurs | 10,6 % |

## Des motifs positifs et négatifs

Ce développement de compétences se range parmi les motifs d'expatriation dits « positifs ». Ils sont positifs parce qu'ils sont associés positivement à l'adaptation des expatriés dans le pays d'accueil. Ils s'inscrivent dans un projet de découverte, de développement et de progrès pour l'individu.

Le motif positif le plus souvent avancé, en plus du désir d'acquérir de nouvelles compétences, est l'expérience personnelle dans une autre culture. L'individu poursuit donc à la fois un objectif de développement professionnel et personnel. Il s'agit de progresser dans son domaine professionnel et aussi dans sa vie privée en se confrontant à une autre culture.

Tous les individus ne sont pas dans une logique de construction d'un projet professionnel et personnel. Au contraire, pour certains, la mobilité internationale revient à une fuite. La nature même des motivations des individus peut affecter leur réussite.

Les motifs dits « négatifs », dans le sens où il s'agit de fuir des problèmes personnels ou professionnels, n'augurent pas le succès d'une affectation internationale. Par exemple, accepter une mobilité dans le seul objectif de gains élevés peut s'avérer peu payant en termes de carrière. Une mobilité ayant pour seul ressort la fuite d'un problème personnel comme un divorce, ou le rejet d'un environnement fiscal, n'augure pas le succès dans le pays d'accueil.

Groupe Eyrolles

Nous avons récemment comparé les motivations des expatriés français et allemands[1]. Aussi bien pour les Français que pour les Allemands, les motivations intrinsèques comme les défis personnels et le développement professionnel sont les raisons les plus importantes pour accepter une affectation internationale. Cependant, ces motivations apparaissent plus fortes pour les Allemands, alors que les Français accordent plus d'importance aux incitations financières.

## Les freins : obstacles ou excuses ?

La question des motivations est intrinsèquement liée à celle des freins. Pour l'individu, les principaux freins quant à la décision d'expatriation peuvent être de diverses natures. Nous évoquerons ici les freins principaux mis en avant lorsque nous interrogeons les personnes.

Ces freins exprimés sont le plus souvent réels et constituent pour l'individu un véritable obstacle à la mobilité. Ils apparaissent parfois également comme une excuse à la non-mobilité qui repose sur d'autres ressorts, cachant d'autres freins plus profonds. Ces ressorts restent encore peu compris.

### La rémunération

La rémunération peut agir comme une motivation, mais elle peut aussi constituer un frein lorsque le package offert n'apparaît pas assez avantageux pour l'individu.

La tendance des entreprises à privilégier de plus en plus les contrats locaux peut décourager certaines personnes. Lorsque toutes les cotisations concernant la retraite ou la santé ne sont plus payées par l'entreprise dans le pays d'origine, certains expatriés potentiels peuvent décliner une mobilité. La différence entre les systèmes de retraite et de santé du pays d'origine et des pays d'accueil potentiels décourage des mobilités internationales. Lorsqu'une personne a trop investi dans un système donné, elle aura des difficultés à aller dans un autre système si son entreprise n'instaure pas une continuité avec son système d'origine.

### La place du conjoint

La question du conjoint est liée à celle du salaire. Face à la question des doubles carrières, les grands groupes prennent de plus en plus en compte le conjoint et sa carrière dans une mobilité.

---

1. Stahl, G. K, & Cerdin, J.-L. (2004), « Global Careers in French and German Multinational Corporations », *Journal of Management Development*, 23(9), 885-902.

Cependant, certaines entreprises continuent à négliger cet aspect. Or, lorsque le salaire du conjoint n'est pas compensé le couple peut hésiter, la mobilité internationale pouvant alors se traduire par une diminution de revenu pour le foyer.

Dans le cas où l'accompagnement du conjoint en termes de réflexion sur son projet est absent, il est fortement probable que l'enthousiasme du couple vis-à-vis de la mobilité internationale soit freiné. Le retour apparaît aussi comme un frein puissant, pour le salarié et pour son conjoint qui le suit. En effet, si un salarié perçoit un décalage entre le discours de l'entreprise et l'évolution de carrière réelle de ceux qui ont été mobiles, il sera réticent à partir à son tour. Quant à son conjoint, il ne l'encouragera pas si son propre retour est également source d'inquiétude.

### Les enfants, la famille

Cette question cruciale doit être posée avant le départ. En fonction des réponses apportées, elle peut en effet conduire à ne pas partir.

La scolarisation s'inscrit parmi les freins les plus souvent cités par ceux qui refusent une mobilité internationale. Certains parents préfèrent que leurs enfants restent dans le système d'éducation du pays d'origine. D'autres sont plus flexibles sur cette question.

Les enfants peuvent aussi constituer un frein à tout âge. Une mobilité avec de très jeunes enfants peut ne pas être envisageable pour des personnes inquiètes par la complexité ou le coût du système de santé du pays d'accueil. Certains préfèrent protéger leurs enfants adolescents en évitant de créer une rupture avec leur environnement à un moment délicat de leur vie. D'autres acceptent de surmonter les encombres dues à une mobilité internationale.

La durée de vie se prolongeant, les personnes confrontées à la question d'une éventuelle mobilité internationale doivent aussi prendre en compte la situation de leurs parents. Des parents âgés avec une santé fragile peuvent être un véritable frein à une mobilité.

## Les ressorts de la motivation

Les motivations sont aussi présentées comme une liste sans fin dont les ressorts sont encore méconnus. À titre d'illustration, deux théories sur la motivation peuvent nous aider à progresser dans cette quête de compréhension : la théorie ERD et la théorie des attentes.

© Groupe Eyrolles

## La théorie ERD

Selon une des théories des besoins les plus connues, la théorie « ERD » de Alderfer, la motivation serait due à la volonté de satisfaire trois catégories de besoins :

### Les besoins d'existence (E)

Les besoins d'existence expriment des désirs d'ordre physique et matériel. Dans le cadre de la mobilité internationale, ces besoins se traduisent par le désir d'améliorer les conditions d'emploi, le salaire et les avantages sociaux. Notre chauffeur de taxi devrait s'y retrouver !

### Les besoins de rapports sociaux (R)

Les besoins de rapports sociaux englobent l'ensemble des besoins qui poussent une personne à entretenir des relations avec ses semblables. C'est le besoin de s'intégrer dans une équipe de travail, de participer à des activités collectives.
La mobilité internationale peut constituer un contexte favorable à l'expression de ce besoin de liens sociaux, en particulier avec des personnes d'autres cultures.

### Les besoins de développement personnel (D)

Les besoins de développement personnel correspondent aux besoins de participer à des activités enrichissantes, à des situations de défi, d'être créatif. La mobilité internationale peut constituer une opportunité pour un tel développement personnel.

TABLEAU 3 – MOTIVATIONS : LA THÉORIE ERD

| Type de besoins | Motivation pour une expatriation |
|---|---|
| Besoins d'existence | Améliorer ses conditions matérielles |
| Besoins de rapports sociaux | Interagir avec des personnes d'autres cultures |
| Besoins de développement personnel | Découvrir de nouveaux horizons |

## La théorie des attentes

La théorie des attentes contribue aussi à la compréhension de la motivation des personnes envers la mobilité internationale. Pour cette théorie, la motivation est le produit de trois types d'attentes.

## La relation entre les efforts de l'individu et la performance qu'il peut en retirer

Le premier élément correspond à la probabilité perçue qu'un effort particulier va bien conduire à la performance recherchée.

Le résultat dépend notamment des capacités de l'individu et de la compréhension de son rôle dans l'organisation. La motivation de l'individu se trouvera renforcée, si dans la perspective d'une mobilité internationale, il apporte une réponse positive à la question : « **Suis-je capable de ?** » Dans le cas où la réponse est négative, il trouvera certainement des raisons pour ne pas partir.

## La relation entre la performance de l'individu et la rétribution qu'il désire

Le second élément correspond à la probabilité perçue par l'individu que sa performance va lui permettre d'obtenir la rétribution désirée. Cette rétribution peut être aussi bien intrinsèque qu'extrinsèque.

La question que l'individu se pose est alors : « **Est-ce le bon moyen pour ce que je vise ?** » Si la mobilité internationale est incontournable pour obtenir une récompense donnée, comme un poste particulier dans une entreprise, la motivation de partir sera forte. Si d'autres moyens existent, avec moins d'efforts ou de perturbation dans la vie, la motivation sera faible, voire nulle.

## La valeur accordée à la rétribution

Le troisième élément correspond à la valeur attribuée par l'individu à la récompense.

La motivation de l'individu dépend aussi de sa réponse à la question : « **Cette récompense a-t-elle de la valeur pour moi ?** » Si l'individu considère comme récompense intrinsèque d'avoir un réseau étendu de connaissances à l'international et si la mobilité lui permet de l'obtenir, alors il sera motivé. Si toutes les récompenses potentielles associées à la mobilité internationale ne signifient rien pour l'individu, alors sa motivation en souffrira. Une réponse positive aux trois questions résultera en une motivation forte pour partir à l'international.

Pour notre chauffeur de taxi, « *Money, money, money* » est le moteur de la mobilité internationale. Cependant, les ressorts des motivations et freins envers la mobilité internationale semblent prendre des chemins plus complexes et variés. La route est encore longue avant de mieux les cerner.

**Pistes d'action** *Construisez votre « passeport de la motivation »*
*en recensant tous vos motifs et tous vos freins*
*pour une mobilité internationale.*
*À l'aide du quiz, analysez certains de vos motifs.*

*En particulier, identifiez les motifs identifiables à une fuite*
*devant des problèmes.*

*Organisez votre mobilité internationale autour*
*d'un projet de développement pour vous et ceux*
*qui vous entourent (même si, à l'origine, votre mobilité est*
*principalement motivée par une « fuite »).*

Pistes Internet ▶

**Synthèse multimédia** *Gestion du retour, les acteurs*
*de la carrière* (thème n° 3).
**Fiche détaillée** *Motivations et freins à la mobilité.*
**Guide personnel** *Les critères qui rentrent en compte*
*dans votre décision* (questionnaire n° 7).

# Quiz : les motivations

Dans quelle mesure les éléments suivants constitueraient-ils une motivation pour une mobilité internationale ?

**❶** Pas du tout    **❷** Plutôt faiblement    **❸** Moyennement    **❹** Plutôt fortement    **❺** Très fortement

- ○ Se constituer une expérience personnelle dans une autre culture.
- □ Bénéficier d'une fiscalité plus avantageuse à l'étranger.
- ○ Espérer une promotion future ou une meilleure évolution de carrière.
- ○ Bénéficier d'une promotion immédiate.
- □ S'éloigner d'un contexte économique ou social lié au pays d'origine.
- □ Prendre ses distances avec certains problèmes personnels.
- ○ Rencontrer de nouvelles personnes.
- □ Voir votre carrière bloquée dans votre pays d'origine.
- ○ Connaître un développement personnel.
- □ Avoir une meilleure rémunération.

## Scores

Faites la somme de vos scores obtenus pour les ○ (au maximum 25 points) et les □ (au maximum 25 points) et comparez ces scores.

|  | ○ | □ |
|---|---|---|
|  |  |  |
|  |  |  |
|  |  |  |
|  |  |  |
| TOTAL |  |  |

Avez-vous un score plus élevé pour les ○ que pour les □ ? Les ○ sont plutôt considérés comme des motifs « positifs » alors que les □ sont plutôt des motifs « négatifs ». Si les motifs négatifs sont prédominants, attention aux possibles difficultés d'adaptation. Si votre score est élevé (20 points et plus) pour les motifs positifs vos motivations pour partir devraient participer à votre adaptation et votre réussite internationale.

# 5 | Expérience internationale : en avoir ou pas...

### Repères et objectifs

**De plus en plus de personnes ont une expérience internationale. Ne pas en avoir pourrait être un plus grand handicap pour la carrière aujourd'hui qu'hier.**

Ce chapitre a pour objectif de :

→ préciser ce que l'on entend par « carrière sans frontière » par comparaison à « carrière traditionnelle » ;

→ s'interroger sur l'importance de l'expérience internationale dans le développement de ses compétences ;

→ évaluer votre propre expérience internationale pour mieux la « vendre » sur un marché du travail de plus en plus global.

L'expérience internationale serait-elle devenue aujourd'hui une étape incontournable dans une carrière ? L'époque où une – ou plusieurs – expériences internationales pouvaient être perçues comme un véritable atout, du fait de leur rareté, est révolue. Aujourd'hui, ne pas avoir d'expérience internationale est plutôt l'exception que la norme pour ceux qui aspirent à exercer leurs talents dans des entreprises où la globalisation est une réalité.

L'exigence d'une expérience internationale devrait s'accroître dans les prochaines années. Les recruteurs et tous ceux qui décident des évolutions de carrière y attacheront de plus en plus d'importance. Aussi est-il essentiel de bien apprécier sa propre expérience internationale pour savoir la mettre en valeur auprès d'un employeur.

© Groupe Eyrolles

# Évaluer une expérience internationale

L'expérience internationale peut s'apprécier à quatre niveaux :
- la **fréquence**, qui correspond aux questions « Combien de fois ? » et « Selon quelle fréquence ? » ;
- la **diversité**, qui touche à la nature même des expériences internationales. Elle peut par exemple capter la distinction entre une expérience d'étudiant et une expérience professionnelle. Avoir accompagné ses parents à l'international constitue aussi une expérience internationale ;
- la **durée**, qui correspond au nombre de mois ou d'années pour chacune des expériences. La durée globale additionne les mois passés hors de son pays. Chacun peut facilement faire l'inventaire du nombre de fois où il a séjourné à l'étranger ;
- la **profondeur**, qui saisit le degré d'interaction avec les autres durant un séjour à l'étranger. Trois questions permettent d'aborder la profondeur de votre expérience internationale : « Dans quelle mesure avez-vous interagi avec les membres de la culture d'accueil ? » « Dans quelle mesure avez-vous interagi avec les membres d'une culture tierce (ni la vôtre, ni celle du pays d'accueil) ? » « Dans quelle mesure avez-vous interagi avec les membres de votre propre culture ? » Dans la mesure où vous avez essentiellement interagi avec les membres de votre propre culture lors d'un séjour international, la profondeur de cette expérience sera très faible.

En d'autres termes, certaines personnes, en dépit d'un séjour de longue durée à l'étranger, ont une expérience internationale peu profonde. Les questions relatives à l'interaction avec d'autres cultures sont également pertinentes pour ceux qui restent dans leur pays : il est en effet possible dans son propre pays d'interagir avec des personnes de cultures différentes. Une telle interaction vous donne une dimension internationale dans la mesure où elle vous confère une exposition à la différence, à l'instar d'une expérience internationale.

TABLEAU 4 – CRITÈRES D'ÉVALUATION DE L'EXPÉRIENCE INTERNATIONALE

| Critères d'évaluation de l'expérience internationale | Questions à se poser |
|---|---|
| Fréquence | Combien de fois et selon quelle fréquence ? |
| Diversité | Quels types de mobilité internationale (études, stage, travail, etc.) ? |
| Durée | Combien de mois ou d'années pour chaque expérience ? |
| Profondeur | Dans quelle mesure ai-je interagi avec les membres de la culture d'accueil ? Dans quelle mesure ai-je interagi avec les membres d'une culture tierce (ni la mienne, ni celle du pays d'accueil) ? Dans quelle mesure ai-je interagi avec les membres de ma propre culture ? |

# Manager global ou expatrié ?

Le type d'expérience internationale permet notamment d'établir une distinction entre la carrière d'un manager global et celle d'un expatrié.

La fréquence, la diversité, la durée et la profondeur devraient être plus élevées chez un manager global que chez un expatrié.

Les managers globaux sont des personnes qui vivent constamment dans un contexte international, interagissant et travaillant avec des personnes de cultures variées, y compris dans leur propre culture nationale.

Par contraste, la carrière des expatriés implique toujours un transfert physique d'un pays vers un autre. Des expatriés peuvent tirer le maximum de leur expérience internationale, tandis que d'autres peuvent ne pas s'adapter à leur environnement et n'interagir qu'avec des personnes de leur propre culture.

Les managers globaux vivent bien évidemment des expatriations. Cependant leur expérience internationale est plus fréquente, plus diverse, plus longue et plus profonde – avec de multiples interactions culturelles – que celle de l'expatrié traditionnel qui partira travailler à l'étranger une ou deux fois dans sa carrière pour des durées de deux à trois ans en moyenne. Ce type de carrière, bien connu des managers globaux et des expatriés traditionnels, s'inscrit très bien dans les carrières sans frontières.

## Caractéristiques des carrières sans frontières

Les carrières sans frontières se distinguent des carrières traditionnelles, notamment dans la mesure où leur validation s'affranchit de l'employeur actuel. En d'autres termes, les carrières des personnes deviennent de plus en plus indépendantes des entreprises dans lesquelles elles travaillent.

Les carrières sans frontières passent par le franchissement de frontières, qu'elles soient organisationnelles, fonctionnelles ou géographiques. Elles impliquent aussi bien une mobilité physique qu'une mobilité psychologique. Il s'agit de s'adapter à des situations nouvelles et d'en retirer de nouvelles compétences. Pour caricaturer, disons qu'il faut aujourd'hui non seulement bouger physiquement mais aussi dans sa tête. Certaines personnes bougent physiquement dans un pays étranger, mais cette expérience internationale perd de sa profondeur si elles restent figées psychologiquement. Il y a parfois de l'immobilisme psychologique dans la mobilité des personnes.

Les personnes qui s'inscrivent dans la perspective de carrières sans frontières ou nomades ont bien compris la valeur de leur expérience internationale. Elles savent mettre en avant son caractère unique et surtout sa pertinence pour un employeur. Dans un monde de plus en plus global, la question que chacun devrait se poser pourrait se formuler ainsi : « Qu'est-ce que j'ai de plus que mes nombreux concurrents sur le marché du travail, aussi bien interne qu'externe ? » La réponse n'est pas une ou plusieurs expériences internationales, mais ce que ces expériences m'ont apporté, aussi bien au niveau professionnel que personnel.

La durée, la diversité, la fréquence et la profondeur permettent une première description des expériences internationales. Il faut ensuite traduire chacune de ces expériences en compétences. Les compétences développées ne le sont pas uniquement dans le cadre d'une activité professionnelle. Toute activité est l'occasion d'exprimer et de valider des compétences. Par exemple s'occuper de ses enfants dans un pays étranger demande une capacité d'adaptation importante. Ces compétences peuvent être tout à fait utiles à une entreprise dans la mesure où la personne sait les traduire en compétences pertinentes pour cette entreprise.

Une carrière, une vie peuvent bien évidemment se faire sans expérience internationale. Mais lorsque ce choix est fait, il faut le vivre pleinement. Il ne s'agit pas d'une contrainte mais d'une opportunité de progresser non seulement professionnellement, mais surtout dans sa compréhension de soi et des autres.

# Comment se développer grâce à l'expérience internationale ?

Il faut aussi s'interroger sur la singularité des compétences développées lors d'une expérience internationale : les compétences développées sont-elles l'unique fruit d'une ou de plusieurs expériences internationales ou auraient-elles pu être développées par d'autres méthodes ?

L'expérience internationale n'est peut-être pas l'unique chemin qui conduit à un type de compétences particulières. Cependant, elle expose l'individu à des situations inédites auxquelles il faut être capable d'apporter des réponses adéquates. Aussi, participe-t-elle à la transformation de la personne en la dotant de qualités indispensables pour affronter les situations nouvelles et originales qui ne manqueront pas de se présenter demain ou après-demain.

Des chercheurs ont proposé des méthodes alternatives à l'expatriation pour développer des personnes globalement. Par exemple, la formation interculturelle ou des voyages d'affaires de courte durée peuvent participer au développement de certaines compétences. Les voyages de courte durée s'inscrivent dans l'expérience internationale. La formation interculturelle, lorsqu'elle est rigoureuse, notamment par son niveau de réalisme par rapport à la culture approchée, constitue une antichambre à l'expérience internationale. La meilleure formation interculturelle est certainement celle qui se fait « sur le tas », en vivant dans des pays étrangers. Les « *third culture kids* » (TCK) ont dans ce domaine une formation interculturelle de premier choix.

## L'exemple des « *third culture kids* »

Les *third culture kids* (TCK) constituent une population à part en ce qui concerne l'expérience internationale.

Ce sont des adolescents qui ont vécu dans plusieurs pays et ont donc été exposés à plusieurs cultures[1]. Cette exposition culturelle, combinée avec leur stade de développement – l'adolescence va de pair avec un fort degré d'impressionnabilité – leur permet d'absorber une variété de normes culturelles et comportementales. Ils se construisent alors un cadre de référence qui leur est propre, influencé par les cultures auxquelles ils ont été exposés et cependant diffèrent de ces cultures. N'étant attachés à aucune culture en particulier, ils développent une culture tierce, d'où leur nom.

---

1. Nous reprenons dans le paragraphe suivant les arguments développés par Selmer, J. & Lam, H. 2004, « Third-culture kids» : future business expatriates ? », *Personnel Review*, 33(4) 430-445.

Deux chercheurs[2] considèrent que les TCK devraient constituer un vivier d'expatriés pour les entreprises car ils possèdent les compétences et les expériences nécessaires pour des affectations internationales réussies. Les résultats de leur recherche montrent que la perception des TCK sur le fait d'être international est différente de celle de leurs camarades. Ils ont aussi des préférences différentes en termes de mobilité internationale. Les TCK auraient des caractéristiques très proches des critères les plus importants mis en avant par une recherche récente sur la base de classement d'experts, à savoir le soutien du conjoint, des compétences en communication, une sensitivité interpersonnelle et des intérêts sociaux et culturels[3].

## Paradoxes de l'expérience internationale

Développer une expérience internationale n'est pas sans paradoxe. Ne pas en avoir ou en avoir trop peu selon un recruteur revient à être écarté pour une promotion ou pour l'obtention d'un nouvel emploi dans certaines entreprises. Pourtant, vivre une expérience internationale est incontestablement une source d'inquiétudes quant au retour dans le pays d'origine, mais aussi quant à la valorisation de cette expérience par l'entreprise qui est à l'origine de la mobilité.

### La crainte du retour

La crainte du retour est similaire dans le cadre d'une mobilité internationale auto-initiée, c'est-à-dire où la personne est partie d'elle-même trouver un travail à l'étranger. Comment cette expérience internationale sera-t-elle perçue et comment les compétences développées pourront-elles s'exprimer ?

Pour les tenants des carrières sans frontières, le retour dans le pays d'origine ne devrait pas se traduire par une frustration mais au contraire en une attitude proactive où l'expérience internationale est un atout extraordinaire. Elle a été l'occasion d'un apprentissage et de l'acquisition de nouvelles compétences.

### La valorisation de l'expérience internationale

Il arrive que l'entreprise qui a expatrié ne puisse ou ne sache pas exploiter les fruits de cette expérience internationale.

---

2. *Ibid.*
3. Franke & Nicholson, 2002, « Who shall we send? Cultural and other influences on the rating of selection criteria for expatriate assignments », *International Journal of Cross Cultural Management*, 2(1): 21-36.

Dans ce cas, il y aura certainement sur le marché du travail une intelligence qui saura s'en saisir. Certaines personnes se donnent d'ailleurs une expérience internationale pour se tourner ensuite plus facilement vers le marché externe du travail, et changer d'entreprise.

**Pistes d'action**   Faites le bilan de votre expérience internationale. Pour cela répertoriez dans les deux grilles « expérience internationale » toutes vos expériences, quelle que soit leur nature, afin d'en apprécier la fréquence, la diversité, la durée et la profondeur. La profondeur s'apprécie avec les questions échelonnées de 1 à 7 (profondeur maximale). L'objectif de ces grilles est de vous donner une vue précise et globale de votre expérience afin de mieux la « vendre ».

Exposez simplement et verbalement les expériences pertinentes avec votre projet actuel, toujours en vous appuyant sur les deux grilles.

Réfléchissez de manière plus précise au type d'expérience internationale que vous souhaitez vivre aujourd'hui.

◀ Pistes Internet

**Synthèse multimédia** *Gestion du retour, les acteurs de la carrière* (thème n° 3).
**Fiche détaillée** *Les étapes de carrière.*
**Guide personnel** *Votre expérience internationale antérieure* (questionnaire n° 2).

# Quiz : expérience internationale[4]

Ces tableaux vous permettent de faire le point sur vos expériences internationales, aussi bien professionnelles que non professionnelles (voir le site Internet pour d'autres questions sur votre expérience internationale).

**(A)** Expériences de voyages internationaux **non professionnels.**
Avez-vous voyagé (hors travail) ou étudié à l'étranger ? OUI NON
(si oui, listez tous les pays, la durée du séjour dans un ordre antichronologique : du plus récent au plus ancien)

| Pays | Combien de temps y avez vous vécu ? (mois) | Quel était votre âge ? | Qu'y faisiez-vous ? | Dans quelle mesure avez-vous interagi avec des personnes de la culture locale ? | Dans quelle mesure avez-vous interagi avec des personnes de votre propre culture ? | Dans quelle mesure avez-vous interagi avec des personnes d'une culture autre que la vôtre ? **(Ne pas inclure les locaux)** |
|---|---|---|---|---|---|---|
| | | | | peu 1 2 3 4 5 6 7 beaucoup | peu 1 2 3 4 5 6 7 beaucoup | peu 1 2 3 4 5 6 7 beaucoup |
| | | | | peu 1 2 3 4 5 6 7 beaucoup | peu 1 2 3 4 5 6 7 beaucoup | peu 1 2 3 4 5 6 7 beaucoup |
| | | | | peu 1 2 3 4 5 6 7 beaucoup | peu 1 2 3 4 5 6 7 beaucoup | peu 1 2 3 4 5 6 7 beaucoup |
| | | | | peu 1 2 3 4 5 6 7 beaucoup | peu 1 2 3 4 5 6 7 beaucoup | peu 1 2 3 4 5 6 7 beaucoup |
| | | | | peu 1 2 3 4 5 6 7 beaucoup | peu 1 2 3 4 5 6 7 beaucoup | peu 1 2 3 4 5 6 7 beaucoup |
| | | | | peu 1 2 3 4 5 6 7 beaucoup | peu 1 2 3 4 5 6 7 beaucoup | peu 1 2 3 4 5 6 7 beaucoup |
| | | | | peu 1 2 3 4 5 6 7 beaucoup | peu 1 2 3 4 5 6 7 beaucoup | peu 1 2 3 4 5 6 7 beaucoup |

4. Ces tableaux proviennent d'une recherche en cours sur l'impact de l'expérience internationale, menée avec le Dr Ibraiz Tarique, Pace University, NY, USA.

**(B)** Expériences de voyages internationaux **professionnels.**
Avez-vous déjà travaillé à l'étranger ? OUI NON
(si oui, listez tous les pays, la durée du séjour dans un ordre antichronologique : du plus récent au plus ancien)

| Pays | Combien de temps y avez vous vécu ? (mois) | Quel était votre âge ? | Qu'y faisiez-vous ? | Dans quelle mesure avez-vous interagi avec des personnes de la culture locale ? | Dans quelle mesure avez-vous interagi avec des personnes de votre propre culture ? | Dans quelle mesure avez-vous interagi avec des personnes d'une culture autre que la vôtre ? (**Ne pas inclure les locaux**) |
|---|---|---|---|---|---|---|
| | | | | peu 1 2 3 4 5 6 7 beaucoup | peu 1 2 3 4 5 6 7 beaucoup | peu 1 2 3 4 5 6 7 beaucoup |
| | | | | peu 1 2 3 4 5 6 7 beaucoup | peu 1 2 3 4 5 6 7 beaucoup | peu 1 2 3 4 5 6 7 beaucoup |
| | | | | peu 1 2 3 4 5 6 7 beaucoup | peu 1 2 3 4 5 6 7 beaucoup | peu 1 2 3 4 5 6 7 beaucoup |
| | | | | peu 1 2 3 4 5 6 7 beaucoup | peu 1 2 3 4 5 6 7 beaucoup | peu 1 2 3 4 5 6 7 beaucoup |
| | | | | peu 1 2 3 4 5 6 7 beaucoup | peu 1 2 3 4 5 6 7 beaucoup | peu 1 2 3 4 5 6 7 beaucoup |
| | | | | peu 1 2 3 4 5 6 7 beaucoup | peu 1 2 3 4 5 6 7 beaucoup | peu 1 2 3 4 5 6 7 beaucoup |
| | | | | peu 1 2 3 4 5 6 7 beaucoup | peu 1 2 3 4 5 6 7 beaucoup | peu 1 2 3 4 5 6 7 beaucoup |

## Analyse des résultats

### Fréquence

Plus vous avez été à l'étranger régulièrement, plus votre expérience internationale est « fréquente ».

### Diversité

Plus vous aurez eu des expériences professionnelles et/ou non professionnelles, plus votre expérience internationale est diverse. N'hésitez pas à mettre en avant cette diversité.

### Durée

Calculez le nombre total de mois ou d'années passés à l'étranger pour vos expériences non professionnelles, vos expériences professionnelles et l'ensemble de vos expériences, qui est la somme des deux. N'oubliez pas que l'ensemble de votre expérience internationale peut être valorisée sur le marché du travail.

### Profondeur

Dans les deux tableaux que vous avez complétés, la profondeur se mesure par les trois questions :

1. Dans quelle mesure ai-je interagi avec les membres de la culture d'accueil ?
2. Dans quelle mesure ai-je interagi avec les membres d'une culture tierce (ni la mienne, ni celle du pays d'accueil) ?
3. Dans quelle mesure ai-je interagi avec les membres de ma propre culture ?

Pour chacune des expériences :
Un score de 7 aux questions 1 et 3 indique une expérience profonde.
Un score de 1 à la question 2 indique une expérience profonde.

Pour l'ensemble de vos expériences, calculez le score de chacune des questions indépendamment et divisez-le par le nombre d'expériences.
Si en moyenne pour les questions 1 et 3, vous avez un score entre 5 et 7, votre expérience internationale sera profonde.
Si en moyenne pour la question 2, vous avez un score entre 1 et 3, votre expérience internationale sera profonde.

## PARTIE 2

# QUELQUES AVIS D'EXPERTS POUR Y VOIR PLUS CLAIR

*Pour prendre la décision
d'une mobilité internationale,
il faut aussi comprendre comment
les experts en la matière
en perçoivent les grandes évolutions.
La façon dont la mobilité internationale
évolue a en effet des conséquences
sur votre propre projet.*

# 6 | L'expatriation a-t-elle un avenir ?

### Repères et objectifs

Dans la presse, la fin de l'expatriation est souvent annoncée. Mais de quelle expatriation s'agit-il ? Avec la mondialisation, l'expatriation prend de multiples formes.

Afin de réfléchir à votre propre expatriation, il est important de :

→ cerner le rôle d'un expatrié au service d'une multinationale ;
→ évaluer la durée d'une expatriation ;
→ saisir l'utilité de l'expatriation pour les entreprises.

L'avenir de l'expatriation serait-il sombre ? Sa fin serait-elle proche ? Si souvent annoncée, elle devrait inquiéter tous ceux qui souhaitent s'expatrier pour d'autres contrées. On entend dire que les entreprises ne vont plus recruter que des locaux, laissant les candidats à l'expatriation sur le carreau. La réalité est plus complexe...

Les entreprises n'abordent pas toutes l'international de la même manière. Nous verrons que pour certaines, l'expatriation a peu de place dans leur approche de l'international. Cependant, lorsqu'elles recourent à des expatriés, elles le font en général pour répondre à des besoins bien spécifiques, comme le contrôle de leurs filiales.

Mais avant toute chose, que signifie le terme « expatrier » pour une entreprise et pour les personnes ?

# Que signifie « expatrier » ?

**Pour les personnes,** s'expatrier, selon la définition proposée par le dictionnaire *Le Grand Robert*, signifie « quitter sa patrie pour s'établir ailleurs ». S'expatrier, c'est aussi quitter le lieu de ses racines, de ses origines pour aller vers des « ailleurs », chez les « autres ». Tout repose ensuite sur la finalité de ce que l'on va faire chez les autres...

**Pour l'entreprise,** l'expatriation peut être définie comme une mobilité internationale temporaire intra-entreprise. Pour les professionnels des ressources humaines, le terme de mobilité internationale a tendance à supplanter celui d'expatriation. L'expatriation est en fait un cas particulier de mobilité internationale, aux côtés d'autres possibilités telles que les voyages d'affaires ou encore les missions de courtes durées.

C'est le critère de durée qui établit la différence entre une expatriation et une mission internationale. Pour mériter l'appellation d'expatriation, la mission confiée à l'international devrait dépasser l'année dans un même pays d'affectation. En deçà, elle peut uniquement se prévaloir du terme de mission.

# Les entreprises face à l'international

Les entreprises peuvent adopter quatre attitudes envers l'international, qui ont chacune des conséquences sur leurs besoins et leur recrutement d'expatriés :

- une organisation **ethnocentrique** a tendance à recruter des cadres du pays d'origine pour les postes à l'étranger ;
- une entreprise qui s'inscrit dans une approche **polycentrique** s'efforce de développer les compétences locales dans les différents pays où elle s'implante ;
- une approche **géocentrique** conduit l'entreprise à recruter aussi bien des nationaux du pays d'origine, des nationaux du pays d'accueil ou des nationaux de pays tiers puisqu'elle adopte une démarche transnationale dans laquelle la nationalité ne compte plus ;
- l'approche **régiocentrique** est proche de l'approche géocentrique mais se limite au niveau régional. Le recrutement apparaît alors également régional.

Ces quatre approches[1] s'articulent autour des trois axes suivants :
- les rapports siège/filiales (filiale ou unité à l'étranger) ;
- les particularités du management international des ressources humaines (MIRH) ;
- la gestion des carrières.

TABLEAU 5 – LES QUATRE APPROCHES DE L'INTERNATIONAL

| | Approches de l'international | | | |
|---|---|---|---|---|
| | Ethnocentrique | Polycentrique | Géocentrique | Régiocentrique |
| Siège/ Filiales | Siège : décisions stratégiques. Filiales : pas ou peu d'autonomie. | Filiales traitées par le siège comme des entités nationales distinctes. | Interdépendance globale. | Interdépendance régionale. |
| MIRH | Celui du pays d'origine. | Basé sur le particularisme local. | Transnational. | Régional. |
| Gestion des carrières | Centralisée. Carrière des cadres du siège privilégiée. | Décentralisée (localement). Expatriation : mot sans contenu. Locaux : postes clés des filiales. | Globale. Indépendante de la nationalité. | Régionale. Mobilité des cadres dans les limites d'une région. Rares transferts des régions au siège social. |

Il apparaît nettement que, exception faite des entreprises polycentriques, les multinationales vont encore expatrier pour longtemps.

## L'expatriation : pour quelle durée ?

Dans leur gestion de la mobilité internationale, les entreprises doivent définir la durée adéquate de l'affectation internationale.

Les durées tendent à se raccourcir, passant de quatre ou cinq ans à deux ou trois ans en moyenne, notamment pour faciliter le retour.

Des durées plus longues peuvent s'imposer pour certains pays qui nécessitent des temps d'adaptation longs. Une expatriation qui dépasse les dix années s'avère aujourd'hui extrêmement rare.

---

1. Cerdin, J.-L. 2001, *L'Expatriation*, Éditions d'Organisation (figure p. 16).

Dans une de nos recherches, sur un échantillon de 550 expatriés couvrant 14 entreprises, moins de 2 % des répondants ont dépassé les dix années d'expatriation pour la même affectation. La grande majorité des répondants s'inscrivent dans les trois années d'expatriation.

Une expatriation de quelques années s'impose aussi pour des raisons stratégiques. L'expatrié se trouve souvent à un carrefour de flux d'informations entre le siège du pays d'origine et son entité d'affectation du pays d'accueil, aussi doit-il bien connaître à la fois les objectifs du premier et les contraintes du second. Or appréhender correctement la réalité locale demande du temps.

Notons que les liens créés avec les locaux s'avèrent utiles aussi bien pendant l'expatriation qu'après. En effet, l'entreprise peut bénéficier des connaissances que les expatriés ont des unités locales étrangères afin de les intégrer dans l'élaboration des plans stratégiques.

# L'expatriation : pour quoi faire ?

## L'expatrié comme ambassadeur du siège social

L'expatriation remplit également une fonction centrale de contrôle et de coordination des activités d'une entreprise multinationale.

Ici encore, la durée d'expatriation a son importance. Il apparaît nécessaire de trouver un équilibre entre une expatriation suffisamment longue pour bien représenter les intérêts de la société mère et suffisamment courte pour ne pas les perdre de vue. Aussi, une personne expatriée dans cet objectif le sera-t-elle pour environ trois années.

La coordination d'une entreprise globale repose historiquement sur les trois approches que sont :

- la centralisation (prise de décision par un noyau de dirigeants) ;
- la formalisation (prise de décision par référence à des règles et des procédures) ;
- la socialisation (prise de décision par référence à des normes et valeurs d'entreprise).

Afin d'atteindre la coordination entre les différentes activités d'une entreprise multinationale, la culture d'entreprise joue un rôle fondamental. Elle constitue une forme de contrôle plus subtile que les mécanismes de contrôle administratif tels que des règlements. Dans cet objectif, l'expatrié revêt le rôle d'ambassadeur de l'entreprise mère en exportant les valeurs de cette dernière dans les différentes filiales. Ainsi les sociétés mères pérennisent-elles leur leadership sur leurs opérations internationales.

### L'expatriation au service du développement des compétences

Un autre argument en faveur de l'expatriation est le développement des managers, c'est-à-dire de leurs compétences.

Les stratégies globales des entreprises sur le long terme exigent plus de cadres avec une formation et une expérience internationales. En effet, les entreprises ont besoin de managers pouvant travailler efficacement avec des personnes de cultures, de religions et de références éthiques différentes – ce qui nécessite de les comprendre – et pouvant gérer des équipes composées de membres de différentes cultures.

Faut-il vivre trois ans dans un même pays pour acquérir ces compétences ou une série de voyages d'affaires peut-elle conduire au même résultat ? L'expatriation permet plus facilement d'aller au fond des choses et présente l'avantage de fournir une palette de compétences plus large que celle obtenue lors d'expositions plus courtes.

Cependant, des voyages d'affaires bien conçus peuvent également contribuer au développement des compétences interculturelles dans la mesure où ils permettent une bonne exposition aux difficultés des affaires locales et à la culture du ou des pays visités.

## Un avenir justifié

Contrôle, coordination, échange d'informations, développement de compétences constituent autant d'arguments en faveur de l'expatriation. Aussi a-t-elle encore un bel avenir justifié par son rôle stratégique.

Certaines entreprises, pour avoir oublié un peu trop vite ce rôle stratégique en diminuant de manière drastique le nombre de leurs expatriés au profit des locaux, ont dû faire marche arrière en recourant de nouveau à des expatriés. En réduisant le nombre de leurs expatriés, elles réagissaient à une diminution des coûts à court terme selon le principe qu'un expatrié coûte cher. Mais elles oubliaient qu'un expatrié, de par ses fonctions stratégiques, est aussi source de gains importants. Les alternatives à l'expatriation que sont les nationaux du pays d'accueil (locaux) ou les nationaux de pays tiers sont complémentaires à l'expatriation mais ne peuvent la remplacer complètement.

Au-delà de leur fonction stratégique, le recours aux expatriés se justifie aussi parfois par un manque de compétences locales.

Par contre, l'expatriation dans la logique « récompense/punition » semble de plus en plus appartenir au passé.

Le tableau 6[2] résume les trois raisons principales pour lesquelles les entreprises recourent à l'expatriation, qui sont :

- le besoin d'affectation de personnel ;
- le besoin de développer l'organisation à l'international (contrôle et coordination) ;
- le besoin de développer les compétences, en particulier des managers.

TABLEAU 6 – LES ENTREPRISES ET L'EXPATRIATION : TROIS OBJECTIFS MAJEURS

| Objectifs principaux | Contribution |
|---|---|
| Applications en termes de business (= Pourvoir des postes) | – Application de savoir-faire managérial<br>– Application de savoir-faire professionnel<br>– Formation au savoir-faire professionnel<br>– Transfert technologique<br>– Promotion de l'image de groupe/relations externes |
| Applications organisationnelles (= Développer l'organisation) | – Coordination/réseau<br>– Transfert de la culture/socialisation<br>– Transfert de politique/contrôle<br>– Transfert des meilleures pratiques |
| Apprentissage de l'expatrié (= Développer les managers) | – Business international/expérience professionnelle<br>– Perspective globale de l'entreprise |

Aujourd'hui, nous pouvons constater que le nombre d'expatriés, loin de diminuer et contrairement à une idée répandue, suit plutôt une courbe ascendante. Si diminution il y a, elle s'opère au niveau des rémunérations, de moins en moins généreuses et des contrats, de plus en plus locaux.

Cependant, une personne qui vit une mobilité internationale sera toujours « expatriée ». Le marché du travail se globalisant, aller travailler à l'étranger devrait être de plus en plus naturel dans une carrière. Dans un tel contexte, l'expatriation apparaît pour le salarié comme un investissement dont le retour (sur investissement) revient à une progression de carrière dans la mesure où son retour (dans le pays d'origine) ou la poursuite de sa mobilité internationale est bien géré.

---

2. Hocking, J. B., Brown, M. & Harzing, A-W. (2004), « A knowledge transfer perspective of strategic assignment purposes and their path-dependent outcomes », *The International Journal of Human Resource Management*, 15(3), 565-58. (figure p. 567 adaptée).

**Pistes d'action**   Si vous avez repéré une ou des entreprises qui
pourrai(en)t vous expatrier, identifiez les objectifs qu'elles
poursuivent en recourant à des expatriés afin de vérifier si
votre profil s'inscrit dans l'approche de l'entreprise. Ainsi,
une entreprise qui n'arrive pas à trouver les compétences
voulues sur le marché local d'une de ses filiales peut
s'intéresser à vous si vous possédez de telles compétences.

Si une entreprise vous propose une affectation
internationale, essayez d'en comprendre la finalité
dans la perspective de l'entreprise, car cela a un impact
sur votre carrière.

Essayez de comprendre l'approche internationale
de l'entreprise : la décision d'expatriation d'une
entreprise ethnocentrique se fera au siège ; dans
le cas d'une entreprise polycentrique, vous pouvez
contacter directement les filiales ; dans une entreprise
géocentrique, vous avez toutes vos chances, mais vous
êtes en compétition avec d'autres talents internationaux !

Considérez l'expatriation comme un investissement
à moyen ou long terme, pas comme un pont d'or !

◄ Pistes Internet

**Synthèse multimédia** *Principes de la sélection
et de la rémunération des expatriés* (thème n° 2).
**Fiche détaillée** *Les avantages stratégiques
pour les organisations.*
**Fiche détaillée** *Les politiques d'affectation
du personnel mobile.*

# 7 | Les leçons de l'impatriation

## Repères et objectifs

Des impatriés viennent à vous, dans votre pays, dans votre entreprise ou celle de vos amis. C'est une occasion pour échanger avec eux sur leur expérience, à la fois dans ses aspects positifs et négatifs.

Vous devez pour cela :

→ comprendre ce qu'est un impatrié ;

→ intégrer qu'expatriés et impatriés sont confrontés à des problématiques similaires, comme celles de l'adaptation internationale ;

→ considérer vos contacts avec des impatriés comme autant d'occasions d'apprendre sur d'autres cultures et sur les facteurs qui facilitent ou compliquent la réussite d'une affectation internationale.

L'impatriation se développe de plus en plus dans les entreprises. Des expatriés d'autres pays viennent pour quelques années au siège social, souvent se former à sa culture et à ses manières de travailler, avant de repartir dans leur pays : ce sont les **impatriés**. Ils peuvent signifier que certains postes en filiales seront réservés à des locaux. En même temps, ils offrent l'exemple d'une expérience internationale qui peut servir de source d'inspiration pour ceux qui s'interrogent sur la place de la mobilité internationale dans leur vie ou sur la façon dont leur entreprise gère la mobilité internationale.

# Qu'est-ce qu'un impatrié ?

Le terme « impatriation » ne semble pas faire l'objet d'une définition claire, et les dictionnaires généralistes, aussi bien hier qu'aujourd'hui, ne le définissent pas. Ce terme tendant à s'imposer dans le vocabulaire (et les pratiques) des entreprises, ils l'incluront probablement un jour. Quelles définitions pourront-ils alors lui donner ?

Une première piste serait de se tourner vers des dictionnaires spécialisés, comme le *Dictionnaire des Ressources Humaines*[1]. L'impatriation y est définie par ses acteurs, les impatriés. Dans ce dictionnaire, un impatrié est défini comme étant « un salarié étranger venu travailler en France dans le cadre de la mobilité internationale au sein d'une entreprise ou d'un groupe français ».

D'emblée, la notion de flux s'impose. L'impatrié est celui qui vient travailler en France, lorsque l'on place la France au centre du flux, alors que l'expatrié est celui qui part de la France pour aller ailleurs, à l'étranger.

Cependant, un impatrié n'est pas un immigré. Il se situe dans une logique de groupe, ce qui signifie qu'il y a une mobilité entre deux entités d'un même groupe, alors que l'immigré se situe dans une logique individuelle qui l'amène à quitter son pays d'origine pour s'installer dans un pays d'accueil, mû par des raisons économiques ou politiques.

## Impatriation et expatriation : une histoire de flux

Dans son acception large, notre propre définition de l'expatriation est « une mobilité internationale temporaire intra-entreprise ». Il s'agit d'une mobilité de quelques années entre les entités d'une même entreprise, souvent un groupe ou une entreprise multinationale.

Cette définition s'applique également à l'impatriation puisqu'elle indique l'existence d'un flux sans en préciser le sens. Elle introduit un élément important : le temps. L'expatriation, comme l'impatriation, est limitée dans le temps. Aujourd'hui, une mobilité internationale, pour dépasser le stade de mission, doit au moins durer une année et approche en moyenne les trois années. L'impatriation a les mêmes exigences en termes de temps de présence dans le pays d'affectation. Aussi, les deux points communs entre l'expatriation et l'impatriation sont-ils l'existence d'un flux et le temps de présence à l'étranger.

Les différences entre l'expatriation et l'impatriation résident dans la direction du flux et la nationalité des personnes impliquées dans le mouvement. Les flux

---

1. Peretti, J.-M. (2001), *Dictionnaire des Ressources Humaines*, 2ᵉ édition, Éditions Vuibert.

sont opposés par rapport au pays où le siège de l'entreprise est basé. L'expatriation est le mouvement de personnes basées dans le pays du siège de l'entreprise vers l'extérieur de ce pays. L'impatriation est quant à elle le mouvement inverse, c'est-à-dire le mouvement de personnes basées à l'extérieur du pays du siège de l'entreprise vers l'intérieur de ce pays.

Nous pouvons maintenant donner une définition plus précise de l'impatriation. L'impatriation revient à faire venir des salariés de filiales basées dans des pays d'accueil, au siège de l'entreprise, dans le pays d'origine, pour quelques années dans l'objectif de les former avant de leur confier des responsabilités dans leur filiale d'origine, ou éventuellement dans d'autres entités du groupe, y compris le siège social.

## Une question de gestion des compétences

Une autre préoccupation de gestion des impatriés est leur fidélisation, en particulier lors du retour dans le pays.

Cette fidélisation passe par une gestion des carrières où l'impatriation n'est pas une fin, mais une étape permettant l'accès à de plus grandes responsabilités. La gestion des carrières des impatriés doit aussi intégrer le fait que certains d'entre eux s'adaptent tellement bien au pays d'affectation qu'ils ne souhaitent plus rentrer dans leur filiale. Aussi, le siège doit-il être capable de leur proposer de rester au siège avec un poste à la hauteur de leurs compétences. Impatriés ou expatriés, quelle que soit leur prochaine mobilité – retour dans leur entité de départ ou autre affectation –, la gestion des compétences nécessite la même attention.

L'impatriation est un type de mobilité internationale, aux côtés de l'expatriation. Toutes deux ont un coût, accru en cas d'échec. Les entreprises qui « impatrient » sont souvent celles qui « expatrient ». Elles ont d'ailleurs expatrié avant d'impatrier. Dans la mesure où leur politique d'expatriation donne de bons résultats, leur politique d'impatriation ne devrait pas poser de problème. Dans le cas contraire, la mise en place d'une bonne politique d'impatriation devrait permettre d'améliorer leur politique d'expatriation.

## Une formation en soi

L'expatriation comporte une dimension formation importante dans le cadre du développement des salariés, en particulier des hauts potentiels.

Cette préoccupation de formation est également centrale à l'impatriation. Les entreprises multinationales ont en effet de plus en plus tendance à confier la direction de leurs filiales à des locaux connaissant bien le pays d'accueil. Cependant, leur faiblesse réside dans leur connaissance limitée du pays d'origine. C'est en particulier le cas des « locaux nationaux » qui n'ont pas été confrontés à une expérience internationale. Les « locaux internationaux », qui ont déjà vécu une expérience internationale, peuvent leur être préférés.

Les locaux internationaux qui connaissent la culture du pays d'origine sont les plus recherchés. Grâce à l'impatriation, ils peuvent progresser rapidement dans la compréhension de la culture du siège et de son pays. Lorsqu'ils sont au siège, ils contribuent à l'ouverture internationale des salariés qui y travaillent, en apportant leur propre culture. Aussi, participent-ils à donner une dimension internationale à l'entreprise, notamment auprès de ses clients. De retour dans leur filiale d'origine, ils peuvent être une courroie de transmission efficace du flux d'informations, de communication et de connaissances entre le siège et la filiale. Les expatriés peuvent également compter sur eux pour faciliter leur adaptation.

## Une question d'adaptation

L'impatriation comporte les mêmes enjeux que l'expatriation, notamment en termes d'adaptation.

Il s'agit d'aider les impatriés à trouver leurs marques le plus rapidement possible au siège, ou dans le pays du siège. Cette formation, comme pour les expatriés, se déroule avant et pendant les premiers mois de l'affectation dans la logique de la formation interculturelle séquentielle. La formation interculturelle peut être complétée par une formation plus technique, dans la perspective de transfert de connaissances.

Au-delà de l'aspect culturel, l'aspect administratif et logistique s'avère crucial. En effet, l'aide logistique facilite aussi grandement l'adaptation. Elle concerne aussi bien l'accueil général dans le pays, avec la recherche d'un logement, que l'obtention de la carte de séjour ou du permis de travail. La question de la rémunération est aussi complexe que celle des expatriés avec notamment les questions de protection sociale.

Aussi, les impatriés, dans leur processus d'adaptation, offrent aux personnes intéressées par une expatriation un avant-goût de ce qu'elles pourraient vivre dans un autre pays.

**Pistes d'action**    Si votre entreprise accueille des impatriés, comment le fait-elle ?

Mesurez l'impact de l'impatriation sur la politique d'expatriation. Votre entreprise expatrie-t-elle moins dans certains pays car elle impatrie plus à partir de ces pays ? Quelles conséquences cela a-t-il pour vos projets de mobilité ?

Pour réfléchir à votre propre mobilité, n'hésitez pas à échanger avec des impatriés. Dans votre pays, ce sont des expatriés. Sur beaucoup de points, ils vivent ce que vous vivrez dans un pays étranger. Ils peuvent vous aider à mieux comprendre ce que cela signifie de vivre et travailler dans un pays que l'on ne connaît pas, quand on n'a pas encore vécu de véritable expérience internationale.

Lors d'une mobilité internationale, n'hésitez pas à solliciter ceux qui connaissent bien votre culture pour y avoir été expatriés. Ils sauront vous éviter bien des écueils.

◄ Pistes Internet

**Synthèse multimédia** *Principes de la sélection et de la rémunération des expatriés* (thème n° 2).
**Fiche détaillée** *Mobilité : passage d'une situation à une autre.*
**Guide personnel** *Votre perception de votre future expérience internationale* (questionnaire n° 3).

# 8 | Expatriation ou odyssée personnelle ?

## Repères et objectifs

L'expatriation par l'entreprise a encore de beaux jours devant elle. Cependant, une autre forme de mobilité internationale se développe rapidement. **De plus en plus de personnes recherchent une ou des expériences étrangères de leur propre initiative, indépendamment d'une entreprise qui les expatrierait.** Aussi, l'objectif de ce chapitre est de vous aider à :

→ réfléchir à votre carrière dans le cadre d'une expatriation classique ;
→ montrer que l'odyssée personnelle est aussi une voie possible ;
→ comparer les deux approches afin d'en comprendre les motivations.

Il y a quelques années, une équipe de chercheurs[1] a proposé de distinguer deux modèles d'obtention de l'expérience internationale pour soutenir le développement de carrière des individus. Ces deux modèles sont l'expatriation et l'expérience étrangère. Le point commun entre ces modèles est leur dimension internationale, mais ils diffèrent sur d'autres aspects.

---

1. Inkson K., Arthur M., B., Pringle J. & Barry S., (1997), « Expatriate assignment versus overseas experience: Contrasting models of international human resource development », *Journal of World Business*, 32(4), 351-368.

# L'expatriation classique et l'expérience étrangère : deux vécus différents ?

## L'origine de la mobilité

En ce qui concerne l'origine de la mobilité, l'expatriation est à l'initiative de l'entreprise qui, ayant des opérations internationales envoie un salarié à l'étranger pour une affectation temporaire de quelques années.

L'expérience étrangère est incontestablement à l'initiative de l'individu. Selon l'équipe de chercheurs mentionnée ci-dessus[2], « l'expérience étrangère est, par définition, une odyssée personnelle, entreprise et financée par l'individu lui-même ».

Évidemment, dans l'expatriation classique, un salarié peut exprimer son désir d'une mobilité internationale et « instrumentaliser » l'entreprise pour arriver à ses fins.

## Les objectifs de la mobilité

L'expatriation répond aux projets d'entreprises, caractérisés par leur spécificité. L'expérience étrangère est porteuse de développement individuel, ses objectifs apparaissent plus diffus, comme « voir le monde » ou « essayer quelque chose de différent ». L'expérience étrangère incarne donc un projet personnel.

## Le financement

Dans le cas de l'expatriation, le salarié perçoit un salaire de son entreprise. En fonction du type de rémunération retenue, le package de l'expatrié est plus ou moins attractif. Même si ces packages ne sont plus aussi généreux aujourd'hui, l'expatrié reste néanmoins bien traité.

L'expérience étrangère semble moins favorable en termes de rémunération. Au départ, les économies personnelles permettent de subvenir aux besoins essentiels. L'aventure internationale est autofinancée. Elle peut aussi s'appuyer sur des revenus temporaires, au gré des opportunités. Cependant, l'expérience étrangère peut répondre également au souhait de trouver un travail directement dans un pays étranger, voire d'y développer une carrière.

---

2. *Ibid.*, p. 352.

## Le type de carrière[3]

L'expatriation s'inscrit dans la carrière organisationnelle, dans le sens où elle est liée au modèle structurel de la carrière. En d'autres termes, la carrière dépend d'une organisation particulière.

Dans le scénario positif, cette expérience permet à l'individu de développer ses compétences et de réaliser la mission dans sa totalité. La carrière de l'individu s'inscrit alors dans une étape de carrière programmée par l'entreprise.

Cette étape n'implique pas automatiquement une progression professionnelle au retour de l'expatrié, en particulier lorsqu'un salarié est envoyé à l'étranger pour pallier un manque de compétences locales ou dans le cas d'un développement organisationnel. Dans ce dernier cas, le salarié assure notamment le transfert du savoir-faire de l'entreprise à une entité localisée à l'étranger. La progression de carrière dépend aussi du statut de l'expatrié au sein de l'entreprise, tel que son appartenance ou non au groupe des hauts potentiels.

Au contraire, l'expérience étrangère laisse la place aux carrières nomades. Les personnes sont seules responsables de leur carrière.

La gestion du retour apparaît délicate pour les expatriés, même si les bonnes pratiques de mobilité invitent les entreprises à préparer le retour dès le départ de l'expatrié.

Pour l'expérience étrangère, les personnes n'ont pas d'autre option que celle de compter sur elles-mêmes pour faire face aux difficultés de leur retour.

TABLEAU 7 – EXPATRIATION CLASSIQUE VS EXPÉRIENCE ÉTRANGÈRE

|  | Expatriation | Expérience étrangère |
|---|---|---|
| À l'instigation de | Entreprise | Individu |
| Objectifs | Projets d'entreprise (spécifiques) | Développement individuel (diffus) |
| Financement | Salaire de l'entreprise | Économies personnelles et revenus temporaires |
| Type de carrière | Carrière organisationnelle | Carrière nomade |

---

3. Cerdin J.-L. (2004), « L'expatriation : un temps de carrière particulier », in S. Guerrero, J.-L. Cerdin &
   A. Roger (eds), *La gestion des carrières : enjeux et perspectives*, Paris, Éditions Vuibert, 265-282 (figure
   p. 276 adaptée de Inkson, Arthur, Barry et Pringle, 1997, p. 352).

# Les motivations sous-jacentes

Les quatre critères que sont l'origine de la mobilité, les objectifs de la mobilité, le financement et le type de carrière recoupent les motivations d'expatriation. Pour les expatriés, les principaux motifs qui émergent des recherches sur l'expatriation classique sont principalement la découverte d'une nouvelle culture, la progression de carrière et l'augmentation de revenu.

La connaissance des motivations des personnes qui se tournent vers l'expérience étrangère reste peu connue. De plus, les profils des personnes qui vivent ces deux types d'expériences internationales peuvent être différents. L'expatriation est généralement réservée à des personnes souvent bien avancées dans leur carrière, notamment pour des postes de contrôle et de coordination des activités à l'international. Les personnes qui s'orientent vers une expérience étrangère ont certainement un profil plus hétérogène.

Deux auteurs[4] montrent, sur la base de l'étude d'un échantillon finlandais, que l'expérience étrangère regroupe quatre types de personnes.

## Les jeunes opportunistes

Ils sont au début de leur carrière. Parmi eux se trouvent des jeunes qui vont à l'international soit pour un travail, soit pour une période de voyage ou de tourisme prolongé. Leur situation familiale leur permet en général cette expérience.

Aujourd'hui, les échanges universitaires facilitent la mobilité des jeunes vers des pays étrangers où ils peuvent choisir de séjourner après leurs études. En France, le volontariat international en entreprise constitue aussi une piste pour des jeunes souhaitant démarrer une carrière par l'international. Un des avantages de ce système est son faible coût pour les entreprises en comparaison avec une expatriation. Aussi acceptent-elles de donner l'opportunité à un jeune de développer des compétences internationales, souvent dans une optique de recrutement ultérieur, en particulier sous contrat local.

La motivation de ces jeunes opportunistes s'exprime surtout en termes de carrière et moins en termes de revenus.

## Les demandeurs d'emploi

La catégorie des « demandeurs d'emploi » constitue le deuxième type de personnes vivant une expérience étrangère. On y trouve ceux dont la carrière

---

4. Suutari V. & Brewster C. (2000), « Making their own way : International experience through self-initiated foreign assignment », *Journal of World Business*, 35(4), 417-436.

n'est pas satisfaisante dans leur pays d'origine et des personnes traversant une période de chômage.

Dans les deux cas, l'expérience étrangère est perçue comme un moyen d'échapper à une situation économique peu favorable dans le pays d'origine. Aussi leur motivation principale est-elle davantage de l'ordre pécuniaire que de celui du développement professionnel.

## Les officiels

Ces « officiels » travaillent pour des organismes internationaux comme l'Union européenne ou les Nations unies.

Leurs motivations sont l'argent, l'intérêt personnel et les nouvelles expériences. Leur retour dans leur pays d'origine apparaît difficile car ces organismes internationaux ont peu de probabilité d'y avoir des activités. Ils ne sont pas certains également de pouvoir exercer les compétences développées une fois de retour dans leur pays d'origine.

## Les professionnels localisés

Les « professionnels localisés » sont des personnes qui ont décidé de rester à l'étranger une longue période de temps. Ils peuvent avoir été des expatriés qui, après un certain nombre d'années dans une affectation, ne sont plus traités comme tels par leur entreprise, ou avoir décidé de s'installer définitivement à l'étranger après avoir vécu une expatriation.

Aussi, une personne peut-elle commencer par une affectation internationale de type expatriation et se poursuivre par une affectation de type expérience étrangère. Les attentes mutuelles entre l'expatrié et l'entreprise définies à un moment donné peuvent changer et devenir caduques. Par exemple, des expatriés peuvent, dans des multinationales opérant sur des marchés distincts, devenir très spécialisés sur un marché local. Dans le cas où la multinationale se retirerait de ce marché, les expatriés peuvent être inquiets de la pertinence de leurs compétences au sein de leur entreprise d'origine et devenir « autochtones » en poursuivant leur carrière dans des multinationales de la région.

# Les compétences développées

Dans un contexte de carrières devenant de plus en plus nomades et d'une économie devenant de plus en plus globale, l'expérience internationale pourrait prendre le pas sur l'expatriation classique.

Cependant, selon la première équipe de chercheurs sur laquelle s'appuie notre réflexion, l'expatriation et l'expérience étrangère constituent un socle fondamental pour le développement des compétences aussi bien au niveau des individus, des entreprises que des nations.

Pour l'individu, confronté à un environnement culturel nouveau, les deux types de mobilités conduisent à une véritable métamorphose.

Au niveau de l'entreprise, les personnes porteuses d'une expérience internationale, qu'il s'agisse de l'expatriation ou de l'expérience étrangère, peuvent contribuer au processus d'apprentissage organisationnel. Encore faut-il que les entreprises sachent tirer profit de ces nouvelles compétences au retour de ces personnes dans leur pays d'origine et que les personnes, quelle que soit la nature de leur expérience internationale, sachent mettre en valeur les compétences qu'elles ont développées.

**Pistes d'action**  Recensez les éléments qui vous attireraient vers une expatriation classique.

Recensez les éléments qui vous attireraient vers une expérience étrangère à votre propre initiative.

Essayez de vous situer par rapport à la typologie des expériences étrangères présentée dans ce chapitre. Comment décririez-vous vos propres motivations ?

Quelles compétences recherchez-vous au travers d'une expérience internationale. Identifiez de quelle façon vous pourriez mieux les développer : expatriation classique ou expérience étrangère ?

**Pistes Internet** ▶

**Synthèse multimédia** *Principes de la sélection et de la rémunération des expatriés* (thème n° 2).
**Fiche détaillée** *Motivations et freins à la mobilité.*
**Guide personnel** *Votre perception de votre future expérience internationale* (questionnaire n° 3).

## PARTIE 3

# MON PROJET INTERNATIONAL : LES FACTEURS CLÉS DU SUCCÈS

*Toujours pour vous aider dans votre réflexion,
nous vous proposons à présent six rubriques liées aux pratiques
de gestion de l'expatriation par les entreprises.
En effet, que vous soyez expatrié par une entreprise
ou que vous tentiez l'expérience internationale seul,
ces pratiques d'expatriation vous aideront à préparer
votre projet de mobilité internationale
et auront un impact non négligeable sur celui-ci.*

# 9 | Faut-il y aller avec ou sans formation interculturelle ?

### Repères et objectifs

Une formation interculturelle est-elle nécessaire avant de partir et pendant les premières phases d'une mobilité internationale ?

Ce chapitre se propose de vous aider à vous forger une opinion sur son utilité et notamment de :

→ souligner le lien entre formation interculturelle et adaptation internationale ;

→ présenter les quatre phases du processus d'adaptation selon la fameuse « courbe en U » ;

→ examiner l'efficacité de la formation selon les phases de la courbe en U.

La formation interculturelle suscite beaucoup d'interrogations quant à son efficacité.

Parfois, les entreprises la perçoivent davantage comme un coût que comme un investissement.

Quant aux salariés qui vont travailler à l'étranger, ils ne la considèrent pas forcément comme une étape incontournable, surtout avant leur départ. Pourtant, une de nos dernières enquêtes, menée sur 530 Français expatriés d'une vingtaine d'entreprises montre qu'une fois expatriés, une grande majorité d'entre eux expriment une insatisfaction élevée envers la politique de leur entreprise concernant la formation interculturelle avant le départ, formation censée augmenter leur compréhension de la culture de leur pays d'affectation.

# Formation interculturelle et adaptation internationale

La formation interculturelle a une influence sur l'adaptation internationale. Elle facilite l'adaptation dans le pays, notamment en favorisant une sorte d' « adaptation anticipée ».

Le principe théorique qui sous-tend l'adaptation est celui de la réduction de l'incertitude. La formation interculturelle contribue à cette réduction d'incertitude avant le départ de l'expatrié. Les travaux sur l'adaptation soulignent qu'une personne commence à s'adapter à une situation avant de la vivre.

Cette adaptation anticipée est favorisée par une formation interculturelle, à condition qu'elle soit réaliste. Un parallèle avec un modèle d'intégration des nouveaux salariés illustre bien ce processus. En effet, l'intégration d'un salarié dans la dernière étape du processus de recrutement a été décrite par trois phases :

- la pré-rencontre, période où se créent des attentes et se développe l'imaginaire par rapport à une situation particulière ;
- la période de la rencontre, où la personne a l'occasion de constater les écarts entre ses attentes et ce qu'elle rencontre réellement ;
- la métamorphose, où la personne va devoir s'adapter à la situation, ce qui revient à réduire l'écart entre ses attentes et la réalité.

La métamorphose est presque toujours nécessaire car l'expérience d'une situation nouvelle peut difficilement être complètement appréhendée avant de l'avoir vécue. La métamorphose est possible lorsque les écarts constatés peuvent être comblés. Dans une situation où la rencontre montre un écart trop important entre les attentes et la réalité, l'expérience s'achève.

Dans le cas d'une mobilité internationale, le processus de l'intégration s'applique. L'écart mesure ce qu'un anthropologue[1], il y a plus de quarante ans, a qualifié de choc culturel. Lorsque l'écart ne peut être comblé, le choc culturel a gagné par KO.

La formation culturelle, sans empêcher le choc culturel, amoindrit ses effets en donnant l'occasion à la personne d'apprendre et de s'adapter.

---

1. Oberg K. (1960), « Culture shock: adjustment to new cultural environment », *Practical Anthropologist*, 7, 177-182.

## La courbe en U

Le processus d'adaptation interculturelle est utile pour comprendre l'action de la formation interculturelle. Ce processus a été décrit comme une courbe en U présentant quatre phases.

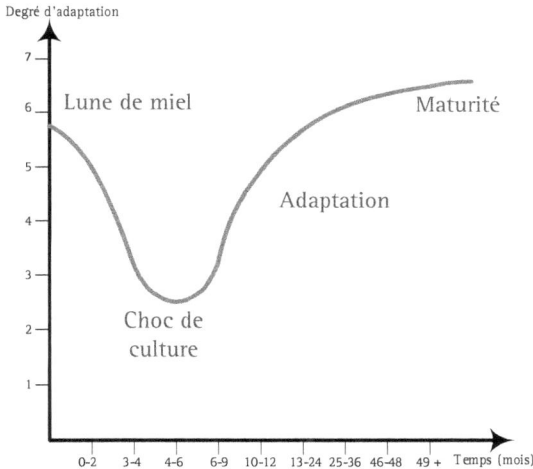

*Figure 2 – La courbe en U du processus d'adaptation culturelle*

La première phase, correspondant au début de l'expatriation, est celle de la **lune de miel**. Comme un touriste, l'expatrié reste à la surface des choses. Il apprécie la nouveauté de son environnement qu'il perçoit au travers du cadre de référence qu'est la culture de son pays d'origine.

Après une période variable selon les individus et les pays, la lune de miel est suivie par une période de désillusion et de frustration, le **choc culturel**. À ce stade, la personne est quotidiennement confrontée à la nouvelle culture sans en comprendre la complexité. Son cadre de référence, toujours celui du pays d'origine, ne lui permet pas de répondre de façon adéquate aux demandes de son environnement.

L'individu entre ensuite dans la phase d'**adaptation** : il change de cadre de référence en adoptant en partie celui du pays d'accueil. Cela ne signifie pas qu'il renonce à sa culture d'origine mais simplement qu'il commence à se comporter selon les normes culturelles locales.

Cette adaptation progressive conduit à la quatrième étape, celle de la **maturité**, qui se caractérise par de légers progrès dans les capacités de l'individu à fonctionner efficacement dans la nouvelle culture.

## La formation interculturelle : quand et comment ?

La théorie de la courbe en U constitue un moyen pratique de structurer une politique de formation interculturelle dans le temps.

Avant la mobilité internationale, la formation interculturelle permet d'anticiper la situation à venir. Néanmoins, la prédisposition psychologique des individus limite leur compréhension en profondeur d'une culture qu'ils n'ont pas encore expérimentée.

Aussi la formation interculturelle devrait-elle être poursuivie pendant les premières étapes de la mobilité. En effet, lorsque les premières difficultés se présentent, l'expatrié est plus réceptif à la formation car il en éprouve un besoin impérieux. Pendant la phase d'adaptation, un accompagnement de l'expatrié contribue à accélérer le processus d'apprentissage.

La formation interculturelle peut aussi inclure, pendant l'étape « maturité » – avant le retour – et dans la période qui suit ce retour, une formation interculturelle centrée sur le pays d'origine afin de limiter le contre-choc culturel. Le coaching interculturel peut s'avérer efficace dans toutes les étapes de la mobilité.

Aujourd'hui, la formation séquentielle s'installe timidement, notamment la formation avant le départ qui a pour objectif de préparer aux réalités d'un prochain et nouvel environnement culturel. Cette formation peut être de quatre types, selon une double dichotomie.

- La première dichotomie concerne la **méthode pédagogique** : elle oppose d'une part la **formation traditionnelle** où un intervenant expose un contenu, aussi bien factuel que conceptuel, pouvant s'appuyer sur l'interaction avec les participants et d'autre part la **formation expérimentale**, où les participants expérimentent le contenu.
- La seconde dichotomie porte sur la **(ou les) culture(s) abordée(s)**. Elle oppose la **formation spécifique** à une culture particulière, celle du pays de destination, à la **formation générale** sur la culture qui inclut une réflexion sur la culture du pays de départ. Plus les participants sont impliqués dans la formation, plus elle semble efficace.

# Reconnaître une formation interculturelle rigoureuse

La rigueur de la formation se mesure par deux indicateurs, le **degré d'expé-rimentation** des participants dans la formation et la **durée de la formation**, toutes choses étant égales par ailleurs.

Plus les personnes ont l'opportunité de s'entraîner à des situations culturelles qui seront leur quotidien, plus elles sauront y faire face quand elles se présente-ront. La rigueur de la formation dépend notamment de la « difficulté » du pays d'accueil, du degré de nouveauté de la fonction de l'expatrié et de son expé-rience internationale antérieure.

Une formation est jugée peu rigoureuse lorsqu'elle se limite à des conférences ou à des lectures. Le niveau de rigueur augmente lorsque s'ajoute à cette première liste des études de cas. La rigueur devient élevée avec la mise en situation des personnes dans le cadre de centres d'évaluation.

Le voyage de découverte du pays, en général d'une semaine, est souvent consi-déré, à tort, comme une formation interculturelle rigoureuse. Il apparaît plutôt comme un élément de prise de décision. Imaginez-vous visiter un appartement ou une maison **après** avoir pris la décision de vous y installer. Si avant de démé-nager, vous avez la possibilité d'y passer une semaine, sans pouvoir revenir sur votre décision, votre adaptation n'en sera pas facilitée. Par contre, une visite lors du processus de prise de décision vous aidera à vous faire une opinion. « Est-ce que je m'imagine vivre ici ? » Si la réponse est négative, il faut avoir la possibilité de ne pas déménager. Dans le contexte de l'expatriation, il faut avoir la possibilité de ne pas partir.

> Gare aux éléphants qui trompent énormément ! Une découverte rapide où l'on reste à la surface des choses peut conduire aussi à un aperçu non réaliste de la situation qui vous attend à l'étranger.

# Rechercher des formations de qualité

À ce jour, les travaux de recherche n'ont pas réussi à prouver le pouvoir expli-catif de la formation interculturelle sur l'adaptation et sur la réussite d'une expatriation.

Une première raison à cela se trouve dans les échantillons d'expatriés. En général, les expatriés ont peu reçu de formations, ou bien celles-ci n'étaient pas suffisamment rigoureuses.

Une seconde raison est liée à la difficulté de mesurer « scientifiquement » l'efficacité de ces formations. Cependant, les arguments théoriques et les témoignages d'expatriés montrent l'importance d'une formation de qualité. La formation interculturelle s'avère très utile lorsqu'elle nourrit le réalisme de l'expatrié avant de partir et l'accompagne pendant la mobilité dans le décodage de son nouvel environnement culturel.

**Pistes d'action**    N'hésitez pas à demander une formation interculturelle avant une mobilité internationale, surtout pour une mobilité dans un pays « difficile » en termes d'adaptation.

N'oubliez pas votre famille ! Elle a peut-être aussi besoin d'une préparation avant de partir.

Veillez à ce que la formation interculturelle qui pourrait vous être proposée soit suffisamment rigoureuse. Pour cela, il faut prendre en compte la nature de votre mission et le pays d'accueil.

Pensez aussi à prévoir une formation pendant vos premiers pas à l'international, notamment pendant les moments les plus difficiles, ceux où un choc culturel peut se produire.

Si vous partez indépendamment d'une entreprise, documentez-vous sur la culture de votre pays de destination et n'hésitez pas à contacter (via Internet, des associations, des connaissances...) des personnes qui vivent ou qui ont récemment vécu dans le pays.

**Pistes Internet** ▶

**Synthèse multimédia** *L'adaptation au cœur de l'expatriation* (thème n° 1).
**Fiche détaillée** *La formation interculturelle.*
**Fiche détaillée** *L'adaptation par anticipation.*

# 10 | Nourrir ses talents à l'international

**Repères et objectifs**

**Pour développer une partie de leurs salariés identifiés comme « hauts potentiels », les entreprises recourent à l'expatriation.** Une entreprise pourrait vous proposer une mobilité dans cette perspective ou privilégier certains de vos collègues !

Aussi, l'objectif de ce chapitre est de vous aider à :

→ comprendre la notion de haut potentiel et son lien avec l'expatriation ;

→ intégrer la logique de filière promotionnelle internationale ;

→ appréhender la règle et accepter de jouer le jeu ou pas.

La mobilité internationale n'est-elle réservée qu'à une élite, les hauts potentiels, lorsqu'il s'agit de développement de compétences ?

Pour atteindre un poste à responsabilités, l'international s'avère incontournable. Aussi, faut-il comprendre le lien ténu qui existe entre la notion de haut potentiel définie par chaque entreprise et celle de mobilité internationale. Cependant, il faudrait pouvoir dépasser cette notion de haut potentiel au profit de celle de talent, plus favorable au développement de compétences tout au long de sa vie. Dans cette perspective chacun pourra penser la mobilité internationale comme une opportunité de développer ses propres talents.

Groupe Eyrolles

# Expatriation et développement des hauts potentiels

Les hauts potentiels sont des salariés, souvent de moins de 35 ans, identifiés par leur entreprise comme ayant une capacité à progresser plus vite que les autres vers des postes à fortes responsabilités.

Si la mobilité internationale constitue une étape essentielle dans leur progression, elle peut aussi être une étape déterminante dans la carrière de tout autre salarié.

Les hauts potentiels font l'objet de toutes les attentions dans l'entreprise. Une fois détectés, l'entreprise leur donne les moyens de se développer, en leur offrant à la fois des programmes de formation particuliers et des parcours professionnels qui développent les compétences jugées nécessaires pour leur progression.

Parmi ces parcours, la mobilité internationale, et en particulier l'expatriation, occupe une place importante. Elle permet de développer des compétences interculturelles et relationnelles nécessaires à tout dirigeant d'entreprise ouvert à l'international.

Néanmoins, l'expatriation ayant un coût, il paraît difficile pour les entreprises de développer tous leurs hauts potentiels par une expatriation. Aussi certaines entreprises préfèrent-elles des séjours de courte durée dans de multiples pays. Leur efficacité est certainement moindre car la connaissance d'un pays et l'ouverture à de nouvelles cultures nécessitent du temps, au minimum un an, voire plus selon les pays. Le risque est alors de rester à la « surface des choses ».

Un autre type de mobilité, présentant les mêmes limites, revient à multiplier les voyages d'affaires. La quantité des expériences ne saurait se substituer à la qualité de ces expériences.

# Progression de carrière et affectations internationales

La mobilité internationale s'inscrit dans le développement des compétences de salariés, notamment ceux détectés comme des hauts potentiels.

Pour occuper des postes à responsabilités dans des organisations qui opèrent sur des marchés mondiaux, il faut avoir été confronté sur le terrain à des réalités culturelles différentes de celles de son pays d'origine. Pour cela, les entreprises mettent en place des « filières promotionnelles internationales »[1] où la progression de carrière est conditionnée par plusieurs passages à l'international.

Ainsi, nous voyons grâce à la figure 3, où N, N+1 et N+2 représentent des niveaux hiérarchiques et P1... P7 des possibilités de postes, que pour atteindre un type de poste P4, il est indispensable, dans le cadre de cet exemple, d'accepter et de réussir une expatriation. Il en est de même pour accéder au niveau P6.

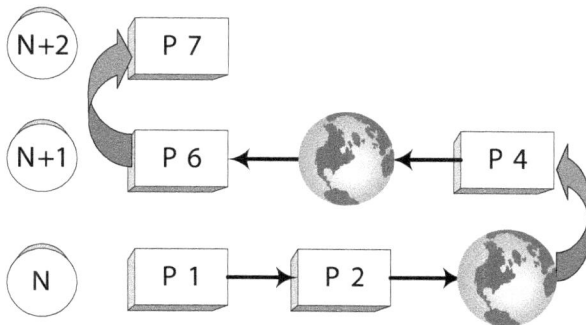

*Figure 3 - Un exemple de lien entre progression de carrière et affectations internationales*

## Choix du pays d'expatriation

Dans le cas d'affectations multiples, les pays d'accueil sont suffisamment différents pour élargir le plus possible les compétences développées.

En règle générale, le choix du pays d'expatriation est fortement relié aux compétences recherchées. Ce choix est réduit dans la mesure où l'expatriation constitue également un test pour l'expatrié. Il doit prouver qu'il est capable de développer les compétences recherchées dans un environnement peu familier. Il doit être capable de s'adapter à des pays qu'il n'a pas forcément choisis. Nos recherches ont montré qu'une mobilité subie (l'expatrié part seulement pour protéger sa carrière) est moins favorable en termes d'adaptation qu'une mobilité choisie (l'expatrié a vraiment envie de partir).

## Réussir sa mobilité pour progresser

Une personne en pleine ascension de carrière court donc le risque de « dérailler » lors d'une mobilité internationale. Toute mobilité internationale, comme tout nouveau poste, exige en effet une adaptation à de nouvelles conditions.

---

1. Cerdin J.-L., *Gérer les carrières*, EMS (figure p. 32).

Or l'adaptation internationale s'avère difficile car elle opère à trois niveaux :
- le travail ;
- l'interaction avec les membres de la communauté d'accueil ;
- les conditions générales de vie comme le logement ou la nourriture.

Réussir la mobilité signifie s'adapter, accomplir la totalité de la période jugée nécessaire par l'organisation pour la réalisation de la mission et obtenir la performance attendue.

Pour un haut potentiel « sous observation » la réussite est une obligation pour rester dans cette catégorie et progresser rapidement en termes de carrière. Un haut potentiel, dans la mesure où la mission est réussie, n'a pas de problèmes de retour en termes de carrière, car sa mobilité s'inscrit dans une progression anticipée.

> Pour tout salarié une expatriation réussie constitue
> un atout qu'il faut savoir utiliser.

## Hauts potentiels et expatriation

Tous les expatriés ne sont pas des hauts potentiels et tous les hauts potentiels ne passent pas par l'expatriation !

Une question importante en ce qui concerne le rapport mobilité internationale/ haut potentiel consiste à se demander si c'est le fait d'être identifié comme haut potentiel qui permet la mobilité internationale ou le fait d'avoir une mobilité internationale réussie qui identifie la personne comme un haut potentiel. Le débat reste ouvert...

Pour être qualifié de « mobile », tout salarié – haut potentiel ou non – doit accepter une mobilité internationale, s'adapter et réussir la mission confiée. Franchir ces trois étapes permet de poursuivre sa progression vers les sommets. Refuser une mobilité peut signifier la fin de son état de haut potentiel dans sa structure organisationnelle actuelle, mais ne plus être haut potentiel dans une structure donnée ne signifie pas que l'on n'ait plus de potentiel en soi.

La très grande majorité des salariés ne sont pas des hauts potentiels et sont néanmoins porteurs d'un potentiel. Une mobilité internationale permettrait de le renforcer.

# « Jouer le jeu » de l'entreprise

Si l'entreprise a mis en place une filière promotionnelle internationale, la mobilité devient une étape incontournable pour atteindre ses sommets. Ne pas jouer le jeu, même pour une période limitée, peut revenir à s'exclure du système.

Aussi, changer de structure peut s'imposer pour le salarié si son objectif est d'atteindre les sommets, ou simplement de progresser dans l'entreprise.

Être disposé favorablement envers la mobilité internationale semble être un critère incontournable pour appartenir à la catégorie des personnes qui peuvent progresser rapidement en termes de carrière. Les non-mobiles inconditionnels, ceux qui n'envisagent pas une mobilité quelles que soient les circonstances, sont rarement retenus dans la catégorie des hauts potentiels. Aujourd'hui, les hauts potentiels et les autres salariés qui souhaitent progresser dans leur carrière sont surtout des mobiles, conditionnels ou inconditionnels.

Les mobiles conditionnels sont les plus nombreux. Ils recherchent un équilibre entre leur vie privée et leur travail et peuvent considérer que certaines destinations avec les risques inhérents ou l'isolement peuvent nuire à cet équilibre. La question des doubles carrières conditionne aussi fortement leur disposition envers la mobilité internationale.

## La contrainte des doubles carrières

La contrainte la plus forte semble être aujourd'hui, aussi bien pour les entreprises que pour les personnes, celle des doubles carrières. Les couples sont formés d'individus avec des niveaux d'études de plus en plus semblables. Aussi le phénomène des doubles carrières se développe-t-il.

Dans ces couples, chaque individu a une forte implication professionnelle. Lorsque l'entreprise propose une mobilité internationale pour développer les compétences d'un salarié, elle peut se heurter au refus de ce dernier pour ne pas mettre en danger la carrière de son conjoint, au risque de menacer la sienne.

C'est un dilemme aussi bien pour le salarié que pour l'entreprise. Le salarié court le risque d'être exclu de la catégorie « haut potentiel ». Cette exclusion n'est pas officielle, dans la mesure où les listes de hauts potentiels sont souvent tenues secrètes dans les entreprises. Néanmoins, le salarié s'apercevra vite qu'il ne fait plus l'objet d'attentions particulières. L'entreprise court quant à elle le risque de ne pas pouvoir développer les compétences d'un salarié sur lequel elle a misé.

La gestion de la mobilité internationale s'inscrit cependant de plus en plus dans une gestion individualisée des salariés. Chaque personne constitue un cas particulier auquel l'entreprise peut apporter une réponse spécifique. L'entreprise accorde peut-être plus d'attention et d'efforts aux personnes identifiées comme des hauts potentiels et à celles qu'elle cherche à développer à travers une mobilité internationale en trouvant des solutions pour le conjoint (voir chapitre 11, *L'expatriation: une histoire de couple*).

## Du potentiel au talent

Les entreprises accordent une grande importance au développement des compétences via la mobilité internationale, en particulier pour les hauts potentiels.

L'âge s'impose alors comme un critère déterminant. La notion de haut potentiel indiquerait que passé un certain âge, l'individu n'aurait plus le potentiel suffisant pour atteindre des postes à hautes responsabilités.

Le concept de formation sur une vie entière devient de plus en plus prégnant. Aussi, serait-il plus raisonnable de substituer la notion de talent à celle de haut potentiel. Au-delà du changement sémantique, c'est une véritable révolution qui conduit à ouvrir la mobilité internationale aux salariés indépendamment de leur âge.

La notion de haut potentiel appartient aux carrières traditionnelles où l'âge est l'élément central. La notion de talent appartient aux carrières sans frontières avec l'apprentissage comme élément fondamental.

Toute mobilité internationale, quels qu'en soient les objectifs, devrait permettre de développer les compétences des personnes qui ont la chance d'en faire l'expérience.

**Pistes d'action** ➩ Recensez ce que peut apporter une mobilité internationale à votre carrière.

Déterminez si vous êtes identifié comme un haut potentiel (ce qui n'est pas toujours évident à faire). Si la réponse est positive, et si vous souhaitez « jouer le jeu » de l'entreprise, il vous sera difficile de refuser une affectation internationale. Si la réponse est non, l'entreprise pourra aussi vous proposer une mobilité internationale, mais elle ne s'inscrira pas forcément dans une progression de carrière programmée. Néanmoins, raisonnez en termes de compétences : « Quelles compétences vais-je développer ? »

Vous ne pourrez pas changer la politique de votre entreprise. Si votre âge, dans un contexte donné, limite votre mobilité internationale, essayez de trouver un contexte plus favorable. Le talent n'est pas une question d'âge.

Répertoriez les compétences que vous pensez pouvoir développer dans le cadre d'une mobilité internationale.

Mettez en avant ces compétences et celles qui seront développées à l'international, et non pas votre âge, pour convaincre une entreprise que votre mobilité internationale lui apportera aussi une valeur ajoutée.

◄ Pistes Internet

**Synthèse multimédia** *L'adaptation au cœur de l'expatriation* (thème n° 1).
**Fiche détaillée** *Les plafonnements de carrière.*
**Témoignage** *L'histoire d'une expatriation à double carrière.*

# 11 | L'expatriation : une histoire de couple !

## Repères et objectifs

**La mobilité internationale est souvent vécue en couple ou en famille.**
Que vous soyez expatrié par une entreprise ou que vous tentiez l'aventure indépendamment, votre famille joue un rôle déterminant dans la réussite de votre projet.

Ce chapitre se propose de vous aider à :

→ comprendre que les entreprises doivent prendre en compte votre conjoint et votre famille ;

→ connaître l'éventail des politiques d'accompagnement de la famille afin de mieux négocier et/ou de vous en inspirer dans la gestion de votre propre mobilité internationale ;

→ identifier les différents types de couple par rapport aux enjeux de la mobilité internationale afin de positionner le vôtre.

L'expatriation se vit souvent à deux, quand ce n'est pas à « deux plus deux plus » dans le jargon des experts, c'est-à-dire en couple avec plus de deux enfants pour le profane. Et là tout se complique...

# L'indispensable prise en compte du conjoint par les entreprises

Pour faire simple, l'attitude de certaines entreprises consiste à ignorer le problème du conjoint, en évoquant le respect de la vie privée. Ce n'est plus l'affaire de l'entreprise mais celle du salarié expatrié.

Ce dernier pourrait rétorquer que l'expatriation, lorsqu'elle est proposée par l'entreprise, pour ne pas dire dans certains cas imposée, chamboule la vie privée. Aussi, l'entreprise, malgré elle, s'immiscerait dans la vie privée.

Au-delà de cet argument, qui pourrait conduire à un débat sans fin, les travaux de recherche sur les expatriés invitent fortement les entreprises à prendre en compte le conjoint dans une mobilité, afin de faciliter la réussite de l'expatriation. Ces travaux, quelles que soient les nationalités étudiées (française, nord-américaine, japonaise ou suédoise par exemple), montrent que l'attitude du conjoint s'avère fondamentale pour l'adaptation et la réussite d'un salarié expatrié.

La « variable » conjoint intervient à deux niveaux, celui de son adaptation et celui de son soutien à l'expatrié salarié.

La gestion de la mobilité internationale doit-elle empiéter sur la vie privée ? Ce n'est plus aujourd'hui la question centrale. Il vaudrait mieux s'interroger sur les limites à ne pas franchir.

Une des réponses pour l'entreprise et le salarié serait que chacun des membres de la famille impliqué dans la mobilité y trouve son compte. Dans la poursuite de cet objectif, l'entreprise peut accompagner le conjoint, afin que la mobilité internationale devienne pour lui l'occasion de se développer, aussi bien personnellement que professionnellement.

# Comment l'entreprise peut-elle accompagner le conjoint ?

Les politiques d'accompagnement du conjoint peuvent s'exprimer sur un continuum. Lorsque l'organisation n'intervient pas pour le conjoint ou la famille, elle se situe à l'extrémité non interventionniste du continuum. À l'autre extrémité, elle accompagne complètement les personnes qui suivent le salarié expatrié. Entre ces deux extrémités, l'éventail d'interventions est large.

Un premier type d'intervention peut inclure un voyage de reconnaissance, une aide logistique couvrant des aspects tels que la recherche d'un logement et les démarches administratives ainsi que la formation interculturelle du conjoint avant le départ. Une indemnité compensant une partie de la perte de revenu peut aussi être envisagée dans le cas où le conjoint renoncerait à son travail pour suivre l'expatrié.

L'entreprise peut s'impliquer davantage dans l'accompagnement du conjoint en l'aidant dans sa recherche d'activité à l'étranger. Cette activité n'est pas automatiquement professionnelle. L'entreprise, dans le contexte de l'expatriation, peut aider le conjoint à clarifier son projet, professionnel ou autre, dans une logique d'outplacement. La faisabilité du projet dépend des objectifs, professionnels ou non, poursuivis par le conjoint. La législation du pays d'accueil, en particulier les permis de travail, et le contexte économique et social du pays d'accueil constituent parfois de fortes contraintes. Une mobilité internationale peut permettre à un conjoint de réaliser des activités bénévoles ou de reprendre des études... Elle peut aussi être vue comme l'opportunité d'une pause dans sa carrière ou la réalisation d'un projet tel que la création d'une entreprise. Des conseils financiers et une aide à la création d'entreprise peuvent donner vie à un projet. Les grandes entreprises s'appuient en général sur leur réseau à l'international pour aider le conjoint à poursuivre sa carrière. Certaines d'entre elles créent des bourses d'emploi et facilitent la circulation des candidatures.

À l'extrême du continuum, elles peuvent embaucher le conjoint quand ce dernier possède des compétences qu'elles recherchent. Plus l'entreprise accorde de valeur au salarié qu'elle désire expatrier, plus elle a tendance à proposer à son conjoint une aide substantielle, notamment en termes de carrière. En plus de favoriser l'adaptation du salarié, l'entreprise lui envoie un message fort de reconnaissance.

Le portrait robot de l'expatrié type aujourd'hui est un homme, proche de 40 ans, marié, avec au moins deux enfants. Lorsque l'expatrié est une femme, la probabilité qu'elle soit célibataire est forte. Aussi les politiques actuelles sont-elles plutôt orientées vers les femmes accompagnatrices que vers les hommes accompagnateurs. Néanmoins rien n'est figé, avec une augmentation prévisible des femmes expatriées. Si cette tendance à la hausse est difficile à mesurer, les échantillons des recherches actuelles montrent un taux de féminisation en croissance.

## Il n'y a pas UN couple, mais DES couples

Les besoins des conjoints varient selon leur sexe, leurs attentes par rapport au travail, leurs caractéristiques personnelles et leur expérience internationale antérieure. En ce qui concerne les attentes par rapport au travail, la nature du couple a son importance.

Dans les couples que nous qualifierons de « **traditionnels** », où l'homme travaille et la femme est au foyer, il s'agit surtout pour l'entreprise d'aider le conjoint à maintenir un lien social avec son environnement.

Pour les **couples à double revenu**, où l'homme a une carrière et la femme un travail pourvoyeur de revenu complémentaire et d'une certaine indépendance, une compensation du revenu et la recherche d'activité s'imposent. Dans ce cas de figure, la femme peut bien entendu être le membre du couple impliqué dans sa carrière, l'homme étant celui amenant le revenu complémentaire, même si cette situation est loin d'être majoritaire.

Les **couples à double carrière**, où chacun des membres du couple est impliqué dans sa carrière, sont en augmentation. Cette situation de double carrière invite les entreprises à proposer des solutions au couple si elles ne veulent pas subir une forte augmentation des refus de mobilité.

Quand les différents types de couples sont abordés, en particulier dans la littérature sur l'expatriation, il est généralement sous-entendu qu'ils sont hétérosexuels. Dans le cas de **couples homosexuels**, la question à se poser est de savoir comment l'entreprise traite le ou la partenaire du salarié expatrié. Le considère-t-elle comme un conjoint du salarié, ou préfère-t-elle l'ignorer complètement et aborder le salarié comme un célibataire ? La réponse à cette question permet au couple concerné de prendre la mesure de ce qu'il peut attendre, ou non, de la part de l'entreprise.

## Sphère privée/sphère professionnelle : la théorie du « débordement »

Quel que soit le type de couple, l'important pour le partenaire est d'avoir une activité structurante.

Les recherches montrent que l'adaptation de l'expatrié salarié est plus facile que celle de son conjoint/partenaire parce que le travail du salarié est l'activité structurante qui établit une continuité entre l'avant et le pendant de la mobilité, même si le contexte a changé.

La situation du conjoint est différente, dans la mesure où cette activité structurante ne s'inscrit pas naturellement avec la mobilité internationale. Le conjoint remplit parfois un rôle de représentation pour l'entreprise, par exemple lorsque le couple reçoit des relations d'affaires à domicile, rôle rarement valorisé par l'entreprise.

Si la personne accompagnatrice ne s'adapte pas, le salarié expatrié en souffrira.

Beaucoup d'entre nous ont déjà vécu, et observé chez les autres, l'influence de la vie privée sur la vie professionnelle et vice versa.

Les chercheurs parlent de « théorie du débordement », en se focalisant particulièrement sur le débordement de la sphère privée sur la sphère professionnelle. Le salarié expatrié doit faire face à un nouvel environnement de travail, souvent avec des objectifs exigeants. Les expatriés qui doivent « gérer » en plus de leur travail des difficultés une fois de retour chez eux sont vite pris dans un cercle vicieux. Parfois, un nœud gordien doit être tranché : rester et sacrifier sa vie privée, ou demander un retour anticipé et sacrifier sa carrière ?

Il est communément affirmé que le taux de divorce des expatriés est plus élevé que celui des sédentaires. Pourtant, ce n'est pas l'expatriation qui crée les divorces. Lorsque nous demandons aux expatriés de commenter leur expatriation, et celle de leurs collègues, il apparaît nettement qu'un couple qui fonctionne bien renforce encore sa complicité au bénéfice de l'adaptation de chacun. Au contraire, un couple qui présente déjà des failles avant le départ les verra s'accroître, l'expatriation n'étant qu'un catalyseur d'un phénomène déjà en marche. Une expatriation exacerbe des phénomènes qui sont aussi présents dans le contexte national.

## La famille au cœur du projet de mobilité internationale

Lorsque la difficulté des couples est abordée, lors de conférences ou d'échanges, une solution immédiate et en apparence évidente fuse : expatrier uniquement des célibataires !

C'est peut-être oublier un peu vite que l'être humain est imprévisible, et que son célibat actuel peut, au hasard d'une rencontre, appartenir très rapidement au passé. Aussi, le statut marital, de célibataire à toutes les formes de couples, est une donnée qui nécessite des réponses personnalisées. Ces réponses peuvent être apportées par l'entreprise, mais toute personne devrait réfléchir à l'impact de son statut marital et familial sur la faisabilité et la réussite de sa mobilité internationale.

Toutes les personnes accompagnatrices du salarié expatrié ont intérêt
à s'approprier la mobilité internationale, avec leur vécu et leurs
propres projets. D'accompagnatrices, elles deviendront actrices
d'une expérience où chacun s'accomplira.

Il en est bien entendu de même pour les enfants. Au-delà du couple, leur adaptation est elle aussi centrale. Les inclure dans le projet de mobilité facilite leur adaptation, et le « débordement » sur l'expatrié sera positif.

Quel que soit le projet de mobilité internationale, qu'il soit personnel ou qu'il implique une entreprise, l'expatriation est une histoire non seulement de couple, mais aussi une histoire familiale. Et cette histoire familiale doit être au cœur des préoccupations d'une personne qui souhaite partir.

**Pistes d'action** Si vous vivez en couple, votre projet de mobilité doit être un projet partagé. Réfléchissez ensemble, avant le départ, aux projets des uns et des autres dans la mobilité. Chacun doit être capable de répondre à la question : « Qu'est-ce que j'y gagne ? »

N'oubliez pas vos enfants dans le projet de mobilité ! En général, la famille ne devrait pas être « accompagnatrice » mais « actrice » de la mobilité.

Si vous êtes expatrié par une entreprise, vérifiez que ceux qui vivront la mobilité avec vous (physiquement et/ou psychologiquement) ne sont pas oubliés. N'hésitez pas à être force de proposition en vous appuyant sur les politiques décrites dans ce chapitre. Votre réussite est liée à celle de votre famille.

Si vous partez indépendamment de toute entreprise, inspirez-vous des politiques des entreprises pour aider ceux qui bougent avec vous à construire leur projet.

Pour ne pas oublier votre famille, assurez-vous avant et tout au long de la mobilité que chacun y trouve son compte.

Pistes Internet

**Synthèse multimédia** *L'adaptation au cœur de l'expatriation* (thème n° 1).
**Fiche détaillée** *L'influence du conjoint.*
**Témoignage** *L'histoire d'une expatriation à double carrière.*

# 12 | Évaluer et être évalué dans une autre culture

## Repères et objectifs

On passe sa vie à se faire évaluer et à évaluer les autres. Les règles ne sont pas toujours claires dans son pays d'origine. À l'international, les **différences culturelles entre l'évalué et l'évaluateur peuvent compliquer l'évaluation.**

Aussi, l'objectif de ce chapitre est-il de :

→ sensibiliser le lecteur aux biais d'évaluation, en particulier lorsqu'il y a une différence culturelle entre l'évalué et l'évaluateur ;

→ souligner l'importance de critères précis dans le processus d'évaluation ;

→ insister sur les objectifs de l'évaluation.

L'évaluation des salariés est un défi permanent en gestion des ressources humaines. Le contexte international ne simplifie pas les choses car aux problèmes classiques de l'évaluation s'ajoutent des problèmes dus à la complexité et à la spécificité d'une affectation internationale.

Comprendre l'optique de votre évaluateur lors de votre mission à l'international pourra vous permettre d'anticiper d'éventuelles erreurs « culturelles » et vous aidera dans la réussite de votre mission. Vous saurez aussi mieux évaluer vos collaborateurs issus d'autres cultures.

# Qu'est-ce qu'évaluer ?

Évaluer, c'est porter un jugement. Afin de porter un jugement, il faut être dans une situation d'observation. C'est pourquoi l'observation et le jugement sont deux processus centraux à l'évaluation.

Il ne faut pas confondre le jugement – qui représente l'opinion personnelle de l'évaluateur – et la formulation publique de ce jugement. Le jugement est à la fois une action et le résultat de cette action. Dans l'action, l'observateur se focalise sur certaines dimensions centrales à l'activité de l'évalué. Dans le résultat de l'action, il se prononce.

Ce que l'évaluateur pense peut différer de ce qu'il exprime publiquement. Exprimer publiquement une évaluation revient à véhiculer un message particulier à une cible particulière. Ce phénomène revêt une importance cruciale pour toute évaluation, au niveau national et international.

▸ Un évaluateur peut penser en toute conscience qu'un salarié est compétent, mais si politiquement ce salarié n'est pas en odeur de sainteté par rapport à des personnes influentes dans l'entreprise, l'évaluateur pourrait exprimer une évaluation plus négative que celle indiquée par son jugement. Le contraire peut aussi se produire. Ainsi, un évaluateur local dans une filiale d'une multinationale pourrait porter personnellement un mauvais jugement sur un expatrié du siège social, mais exprimer une bonne évaluation afin de ménager certaines susceptibilités au siège ou aller « dans le sens du vent » afin de faire avancer sa propre carrière.

Il est difficile de comprendre et d'interpréter le résultat d'une évaluation si l'on ne comprend pas les buts poursuivis par l'évaluateur, qu'il soit un individu ou un comité. L'évaluation en apprend parfois plus sur l'évaluateur que sur l'évalué.

À l'international, elle peut refléter la méconnaissance de l'environnement particulier dans lequel l'expatrié exprime ses compétences. Ignorer par exemple les efforts nécessaires pour éviter les grèves dans un contexte de climat social explosif revient à occulter un aspect important de l'activité de l'expatrié. L'évaluation est alors déficiente dans la mesure où elle ne couvre pas toutes les facettes de l'activité de l'évalué et ne l'inscrit pas adéquatement dans son contexte. Le contexte et les critères utilisés sont indissociables.

# Quand les différences culturelles s'en mêlent

## Le contexte influence le processus d'évaluation

Une bonne illustration pour l'évaluation des expatriés est la culture nationale à laquelle se réfèrent à la fois l'évaluateur et l'évalué. Elle s'exprime souvent au niveau de la nationalité des personnes impliquées dans le processus d'évaluation.

> ▸ Un évaluateur américain se concentrera sur la performance individuelle et sera très orienté vers les résultats, alors qu'un manager japonais pourrait s'intéresser davantage à la contribution de l'individu au groupe. Un Japonais expatrié aux USA et évalué par un Américain pourrait être désorienté par cette approche.

Dans certaines cultures les réalisations sont primordiales, alors que dans d'autres les diplômes et les réseaux priment sur les réalisations. Un expatrié habitué à ce que la performance soit appréciée pour elle-même pourrait se trouver inconfortable dans un contexte ou le résultat de son évaluation sera en déphasage avec ses réalisations. L'approche du feedback peut aussi différer selon les cultures.

> ▸ Un collaborateur américain cherchera constamment un feedback en interrogeant son manager sur sa performance individuelle. En général, et idéalement dans cette perspective, il obtiendra une réponse de son manager américain qui insistera d'abord sur les aspects positifs de la contribution et soulignera ensuite les aspects négatifs et les solutions pour les résoudre. Son manager français expatrié aux USA pourrait ne pas percevoir l'importance de ce feedback, en particulier du feedback positif.

Un évaluateur évalue selon son propre cadre de référence culturel et ses propres attentes. L'approche française aurait ainsi tendance à occulter le renforcement positif d'une contribution et à se concentrer principalement sur « ce qui ne va pas » au désespoir des évalués locaux. Multiplier les sources d'évaluation permet de repérer ce biais culturel et de l'atténuer.

## Le rôle central de l'observation

L'observation implique que l'évaluateur soit réellement en mesure d'observer la personne évaluée et de l'évaluer avec un cadre de référence culturel permettant de saisir les réalisations de l'évalué dans leur globalité.

L'approche « 360 degrés » pour un expatrié pourrait impliquer l'expatrié lui-même, son manager local, un manager du pays d'origine, voire un ancien expatrié, les subordonnés, les collègues et les clients. Chacune de ces sources, ayant sa propre perspective ou angle d'observation, se prononce sur des critères qui lui sont propres. L'expatrié lui-même peut se prononcer sur ses succès, ses échecs et ses capacités managériales. Le manager local pourra observer le leadership dont fait preuve l'expatrié et ses capacités d'organisation.

Dans la plupart des approches « 360 degrés », il est nécessaire de rassembler les différentes observations, de comparer leurs résultats et d'interpréter les écarts. Chaque source d'observation intervient à des périodes de temps spécifiques. Ainsi, le manager local observera l'expatrié régulièrement, en particulier après la réalisation de projets significatifs. Les subordonnés peuvent être sollicités selon la même fréquence alors que les collègues ou les clients sont sollicités selon des fréquences plus longues – tous les six mois pour les premiers et une fois par an pour les seconds.

## Évaluer selon quels critères ?

Le contexte influence aussi la performance même de l'évalué. Aussi, les critères de l'évaluation devraient-ils intégrer ce contexte.

Les critères utilisés pour mesurer la performance des managers affectés à l'international ne permettent pas de mesurer les défis de leur tâche et leur caractère particulier et unique. En général, les évaluations souffrent de l'absence de pertinence et de l'imprécision des critères utilisés. Or ne pas avoir de critères définis avec précision laisse libre cours aux jeux politiques. Un évaluateur peut aisément ternir ou embellir les réalisations d'un évalué dans la mesure où il existe un flou quant aux critères utilisés. Des critères clairs permettent une distinction claire entre différents niveaux de performance. Ils évitent des conclusions du type « il est excellent »... mais excellent sur quelles dimensions ? L'effet de halo, où l'évaluateur a tendance à généraliser une caractéristique de l'individu, n'est probablement pas loin dans cette illustration.

Certaines activités sont plus simples à mesurer que d'autres. L'expatriation recouvre de nombreuses fonctions. Transposer des critères nationaux au contexte international sans changement conduit le plus souvent à des erreurs dans l'évaluation.

C'est pourquoi les critères devraient être adaptés à chaque poste et à chaque pays. La contribution des anciens expatriés dans la définition des critères pertinents paraît alors indispensable. La définition de critères précis reste compatible avec une certaine fluidité et flexibilité permettant de répondre aux variations de l'environnement, telles qu'une modification des conditions économiques ou du climat social. L'environnement peut être très volatil dans certaines régions du monde.

Les développements précédents peuvent être mis en perspective avec l'approche cognitive de l'évaluation. Le contexte et les objectifs de l'observation vont influencer l'acquisition d'informations par l'évaluateur. Trois autres processus cognitifs interviennent, à savoir les représentations mentales et le codage de cette information, la mémorisation et l'extraction de cette information, et enfin l'intégration de l'ensemble des informations. Cette approche cognitive montre la difficulté pour l'évaluateur de gérer l'information nécessaire à une évaluation. Elle explique un certain nombre de biais, comme celui de l'effet des faits récents qui veut que l'évaluateur ait tendance à se souvenir des éléments récents quant à la performance des évalués, et à oublier les faits un peu plus anciens. L'expatrié n'échappe pas à ces biais.

## Évaluer pour quels objectifs ?

Les objectifs de l'évaluation influencent le jugement et l'évaluation que l'évaluateur porte et communique sur un évalué. L'évaluation comporte deux grands objectifs : des objectifs administratifs et des objectifs de *feed-back*.

Les premiers permettent d'asseoir des décisions en matière de gestion des ressources humaines telles que la rémunération ou les mobilités. Les seconds se focalisent sur le développement des personnes.

Un évaluateur pourrait modifier son jugement et sa formalisation en fonction des enjeux de l'évaluation et de ses propres objectifs. Favoriser une personne pour une promotion ou éviter une sanction pour un collaborateur peut conduire à communiquer une évaluation plus favorable que celle fondée uniquement sur son propre jugement.

L'évaluation de l'expatrié dans ce schéma d'affectation internationale s'inscrit cependant dans la logique de l'évaluation administrative. Elle consiste en effet à prendre une décision sur la prochaine étape, à savoir la poursuite du développement au travers d'une promotion, horizontale ou verticale, une autre mobilité internationale, ou la fin de ce développement, parfois sanctionné par la sortie du programme de hauts potentiels.

L'évaluation de tout salarié n'est pas un exercice simple et précis. Au contraire, elle est sujette à de nombreuses erreurs, dues notamment à la multiplication des filtres au travers desquels les évaluateurs observent les comportements ou résultats des évalués.

Le filtre culturel est particulièrement important dans le contexte d'une expatriation. Avant d'accepter une mobilité internationale, un expatrié devrait s'interroger et interroger l'organisation sur :

- les critères qui seront utilisés ;
- les personnes qui porteront un jugement sur ses réalisations ;
- l'expression publique de ce jugement.

L'entreprise doit quant à elle répondre clairement à ces trois questions.

**Pistes d'action** ➡ Quand c'est possible, essayez de comprendre
sur quels critères vous serez évalué avant de partir
afin de mieux vous y préparer.

Évaluez votre acceptation de l'évaluation, acceptez
d'évaluer des personnes d'autres cultures ou d'être
évalué par elles, notamment dans un environnement
où les règles du jeu risquent de vous échapper.

Recensez les situations ou vous avez porté un jugement
(peut-être erroné) sur des personnes d'autres cultures
que la vôtre.

Avez-vous été victime d'un biais interculturel,
comme évaluateur et/ou comme évalué?
Si la réponse est positive, quelles leçons en tirez-vous ?

**Pistes Internet** ▶

**Synthèse multimédia** *Principes de la sélection
et de la rémunération des expatriés* (thème n° 2).
**Fiche détaillée** *La formation interculturelle.*
**Fiche détaillée** *Culture, travail, communication :
3 contingences de l'expatriation.*

# 13 | Devient-on riche en s'expatriant ?

## Repères et objectifs

**À quoi correspond ma rémunération ? La réponse n'est pas aussi évidente que cela.** Dans le cadre d'une expatriation, il est impératif de comprendre la logique de la politique de rémunération d'une entreprise afin de pouvoir négocier ce qui est négociable. Aussi ce chapitre devrait vous aider à :

→ comprendre la logique des différentes méthodes de rémunération proposées aux expatriés ;

→ passer en revue les différentes composantes d'une rémunération ;

→ être capable de faire la distinction entre ce qui est négociable et ce qui ne l'est pas.

L'expatriation coûte cher à l'entreprise.

Derrière ce leitmotiv, il est facile d'imaginer que les rémunérations des expatriés atteignent des sommets. Pourtant, il semblerait que les entreprises se montrent aujourd'hui moins généreuses lorsqu'elles envoient des personnes pour quelques années à l'étranger. Cependant, le tableau est plus contrasté qu'il n'y paraît, les situations des personnes en mobilité variant fortement.

## Salaires d'expatriés versus salaires locaux

Dans l'expatriation classique, l'initiative de l'expérience internationale vient principalement de l'entreprise qui a des opérations à l'international, même si le salarié s'est porté volontaire. La rémunération offerte est déterminée par l'entreprise, même si le salarié intervient dans la négociation salariale. Lorsque l'initiative de l'expérience internationale revient à l'individu, quand elle est une odyssée personnelle, quand ce dernier part à l'étranger afin d'y trouver du travail, sa rémunération est celle offerte par le marché local, qu'il pourra aussi négocier sur ce marché particulier.

Une personne envoyée par son entreprise pour quelques années dans une filiale étrangère aura une plus forte probabilité d'être mieux traitée que celle qui décidera de trouver un emploi directement dans un pays étranger. La mobilité internationale à l'initiative de l'individu le conduit automatiquement à obtenir la rémunération du pays d'affectation. Évidemment, dans la mesure où la personne s'installe dans un pays plus rémunérateur que son pays d'origine, elle y gagnera. Partie seule sur le marché du travail international, elle obtiendra globalement les conditions des locaux.

Les types de rémunération offerts aux expatriés traditionnels, ceux envoyés par une entreprise, sont plus nombreux[1].

## Différents types de rémunération

### Rémunérer selon le pays d'accueil

L'approche du pays d'accueil existe, mais n'est pas la plus courante.

Dans ce cas, les expatriés ont un contrat local, avec la rémunération appliquée sur le marché local. Lorsque ce marché est plus avantageux pour les personnes, l'incitation est forte. Cependant, dans des pays où les salaires sont extrêmement faibles, les candidats ne vont pas se bousculer pour l'aventure.

▸ Clara est expatriée aux USA et rémunérée au même niveau que ses collègues américains. Dans son secteur d'activité, les salaires américains sont plus élevés que dans son pays : elle y trouve son compte.

---

1. Les développements sur les méthodes et composantes des rémunérations s'appuient notamment sur trois sources :

   1. Les interventions et présentations de Martine Tardivel, directrice ORC Worldwide, dans le cadre de mon cours consacré à la mobilité internationale à L'ESSEC.

   2. Cerdin J.-L. (1999), *Audit de la rémunération des expatriés*, Actes IAS-ARFORGHE, Hammamet, Tunisie, 23-32.

   3. Cerdin J.-L., Saint-Onge S. & Savigny X. (2000), « La rémunération des expatriés : défis et pratiques de gestion, in J.M. Peretti et P. Roussel (dir.), *Les rémunérations, politiques et pratiques pour les années 2000*, Éditions Vuibert, 293-309.

## Rémunérer selon le pays d'origine

La méthode la plus utilisée, aussi bien par les entreprises européennes que nord-américaines qui expatrient, est celle du pays d'origine.

La rémunération est calculée à partir du salaire de base du pays d'origine. Elle est fondée sur le principe du *balance sheet* ou « égalisation »[2], conçu après la Seconde Guerre mondiale comme une méthode de rémunération des expatriés reposant sur une philosophie de « non-gain » et « non-perte ». Cette approche protège l'expatrié et sa famille contre une perte de revenu dans le cas où le coût de la vie du pays d'accueil serait plus élevé que celui du pays d'origine. Dans le cas contraire, où le coût de la vie serait inférieur, un différentiel négatif est appliqué. Cette méthode privilégie le maintien du niveau de vie que l'expatrié avait dans le pays d'origine. Elle repose alors sur l'analyse de la dépense des expatriés après impôts dans leur pays d'origine et la traduction de ces dépenses dans le cadre du pays d'affectation. L'objectif sous-jacent est de garder le niveau de vie de l'expatrié constant avant, pendant et après l'affectation. Implicitement, l'entreprise prend en considération le retour de l'expatrié. Elle prend en compte le logement et les différentiels d'imposition. Le niveau d'épargne de l'individu est maintenu durant les différentes phases de la mobilité, avant, pendant et après. L'égalisation est relativement transparente et peut s'exprimer clairement.

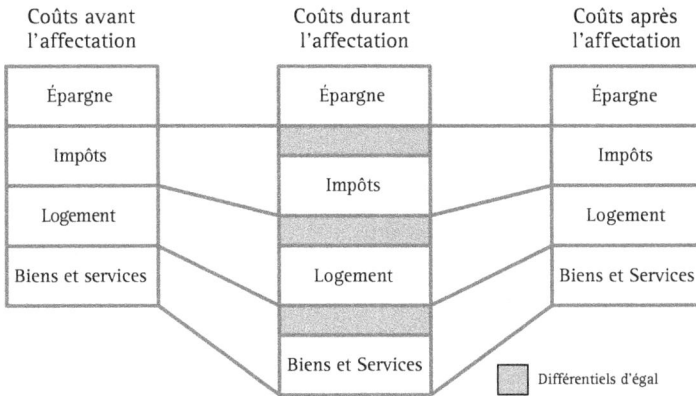

*Figure 4 – Le principe du* balance sheet

---

2. Adapté de : Stroh L., Black J.S., Mendenhall M.E. & Gregersen H. (2005), *International Assignments: An Integration of Strategy, Research, & Practice*, London, Lawrence Erlbaum and Associates, Inc. (figure p. 167 adaptée).

▸ Aurélien est expatrié à Tokyo. Sa rémunération est calculée à partir du salaire qu'il devrait avoir pour son poste dans son pays d'origine. En ce qui concerne son pouvoir d'achat, le coût de la vie étant plus cher à Tokyo qu'à Paris, son entreprise va lui verser une indemnité pour lui maintenir le pouvoir d'achat qu'il avait en France. Aurélien ne sera ni perdant ni gagnant.

## Approche mixte

D'autres méthodes sont possibles, telles que la méthode mixte, qui est une combinaison de l'approche pays d'origine et pays d'accueil.

Une entreprise qui souhaiterait rémunérer une personne localement, dans un pays d'accueil où le niveau de salaire est nettement moins attractif que celui du pays d'origine, pourrait compléter la rémunération par des composantes propres au pays d'origine.

▸ Isabelle est expatriée à Singapour. L'entreprise a décidé de la rémunérer selon les grilles salariales en vigueur à Singapour. Elle bénéficie cependant d'un avantage par rapport aux salariés locaux, un maintien de la Sécurité sociale française via la Caisse des Français de l'Étranger (CFE).

## Rémunérer selon un pays tiers

L'entreprise peut aussi choisir un pays tiers, c'est-à-dire un pays qui n'est ni le pays d'origine ni le pays d'accueil. Dans ce cas, la méthode fonctionne selon une logique identique à celle de la méthode du pays d'origine. Le seul changement consiste dans le choix du pays de référence.

Cette approche peut parfois s'étendre à une zone géographique englobant plusieurs pays abordés comme une entité régionale. Les entreprises régiocentriques, qui fonctionnent sur la base d'une interdépendance régionale, peuvent recourir à cette méthode, qui implique le calcul d'un salaire moyen et d'un indice de vie pour un ensemble de pays proches géographiquement. Par exemple, l'Amérique centrale peut constituer une zone de référence. La zone de référence peut englober des pays à partir d'autres critères comme l'importance du marché pour l'entreprise.

▸ Christophe est expatrié au Mexique. Son entreprise dispose d'une grille salariale spécifique à l'Amérique latine. Ainsi Christophe sera-t-il rémunéré selon cette grille.

## Rémunération internationale

Les approches citées jusqu'ici sont caractérisées par leur ancrage à un pays particulier.

L'approche internationale s'éloigne de cette logique. Elle revient à choisir une référence unique pour l'ensemble des salariés en mobilité internationale.

Il s'agit alors de définir pour les salariés mobiles internationalement un système de rémunération propre.

Ces expatriés sont gérés comme un « groupe » au sein de leur entreprise. En effet, tout salarié en mobilité intègre la grille de rémunération internationale. Lorsque le salarié n'est plus en situation de mobilité, il réintègre sa grille d'origine. Ce système repose sur une dichotomie national/international qui fait ressortir fortement la nationalité de la personne mobile lorsqu'elle sort du système. En mobilité, la nationalité ne compte plus. En situation de non-mobilité, la nationalité intervient de nouveau puisqu'elle est le critère déterminant qui rattache la personne à la grille salariale de son pays d'origine.

Cette grille internationale est adaptée à des salariés qui font leur carrière à l'international. Elle s'exprime souvent en dollars, voire en euros. L'approche internationale est en général très onéreuse pour l'entreprise. Elle doit en effet y insérer l'ensemble des nationalités en mobilité internationale, ce qui a pour effet de « tirer » sa grille vers le haut.

> ► Laurence est expatriée à Dubaï. Son entreprise dispose d'une grille spécifique pour les personnes en mobilité internationale. Aussi, la rémunération de Laurence, du fait de sa mobilité, correspondra-t-elle à celle de cette grille spécifique.

Différentes méthodes peuvent cohabiter au sein d'une même entreprise. D'autres méthodes pourraient être citées. Par exemple, la méthode du double salaire, désuète aujourd'hui, offrait au salarié un salaire de référence dans son pays d'origine, et un budget pour vivre dans le pays d'affectation.

## Les composantes de la rémunération

Une fois la méthode choisie, il faut s'attaquer aux composantes de la rémunération, à savoir : les montants incitatifs, les différentiels d'égalisation et les avantages particuliers.

### Les montants incitatifs

Une première composante, les « montants incitatifs », regroupe les éléments qui incitent la personne à accepter la mobilité, en particulier dans ses aspects difficiles. Ces montants incitatifs comprennent différentes sortes de primes :

- la **prime de mobilité** récompense l'acceptation de la mobilité, voire sa réussite. Aussi revient-elle parfois à une somme forfaitaire divisée en deux, la première moitié au départ, et la seconde au retour en cas de succès. Cela peut s'avérer fiscalement efficace ;

- la **prime d'expatriation,** qui peut englober la prime de mobilité, compense l'éloignement, le dépaysement et les efforts consentis du fait de la mobilité, comme celui de s'adapter à un temps de travail hebdomadaire plus lourd que celui de son pays d'origine ;
- la **prime de difficulté de vie** compense, comme son nom l'indique, des conditions de vie particulièrement difficiles dans le pays d'accueil liées par exemple à la pollution, à un climat rude ou une disponibilité de biens et services réduite à sa plus simple expression ;
- la **prime de risque,** souvent associée à la prime de qualité de vie, reconnaît qu'une mobilité peut être associée à des risques particuliers, au rang desquels la maladie et les épidémies, la criminalité, l'instabilité politique et les conflits, le terrorisme et le kidnapping. D'autres formules incitatives existent comme les primes « pionnier » qui compensent le fait d'être un pionnier pour son entreprise dans une région du monde. Son avantage est d'être unique pour l'entreprise ;
- la **« prime 0 % »,** classée parmi les montants incitatifs, peut aussi être très attractive pour le salarié. Elle ne s'exprime pas directement en monétaire, mais en opportunité d'évolution de carrière. Le développement de carrière fait partie intégrante de la rétribution de l'individu. Il s'agit d'une certaine manière d'une rémunération différée. Dans le cas où la mobilité est un succès, elle doit s'accompagner d'une évolution de carrière qui devrait se traduire à terme par une augmentation salariale.

## Les « différentiels d'égalisation »

Lorsque les entreprises rémunèrent les expatriés selon l'approche « pays d'origine », elles doivent également se référer au pays d'accueil pour calculer les différentiels d'égalisation relatifs aux biens et services et au logement. Pour calculer ces différentiels, qui servent à équilibrer le pouvoir d'achat des expatriés, les entreprises recourent aux indices « biens et services », proposés notamment par des cabinets de conseils internationaux.

Certains indices sont très protecteurs des habitudes de consommation des personnes. Dans le panier du consommateur se trouvera alors, par exemple, la bouteille d'eau minérale d'une grande marque. Cet **indice « expatrié »** permet aux salariés et à leur famille de conserver leurs habitudes de consommation.

D'autres indices comme l'indice EPI (*Efficient Purchaser Index*), ou **« indice de l'acheteur avisé »,** permet de garder les mêmes habitudes d'achats que son pays d'origine, mais en consommant de manière avisée les marques locales de qualité équivalente à celle de son pays d'origine. L'indice EPI apparaît comme l'indice standard dans tous les pays développés.

**L'indice international**, plus faible que les autres, est bien adapté à une population habituée de vivre à l'étranger. Son postulat de base est que tout le monde consomme de la même manière.

D'autres indices existent, comme des **indices spécifiques à une zone géographique** telle que l'Union européenne, ou des indices « sur mesure », prenant en compte des consommations particulières, comme celle des missionnaires ou des végétariens. Les entreprises choisissent en fonction de la population.

En général, l'indice EPI concerne les pays développés, et des indices plus protecteurs sont retenus pour les pays plus difficiles. La durée du transfert intervient également, avec des indices prenant en compte notamment le fait de vivre à l'hôtel.

## La rémunération ne se réduit pas au salaire...

L'expatrié qui négocie sa rémunération a intérêt à connaître la logique de la construction d'une rémunération. De son côté, l'entreprise doit jouer la transparence et veiller à l'équité entre les différents salariés, aussi bien entre les expatriés, les sédentaires, et les locaux.

Dans les études sur la motivation pour travailler à l'étranger, la rémunération n'arrive que rarement dans le trio de tête des réponses citées. Cela ne signifie pas que la rémunération n'est pas importante, ni que les personnes ne cherchent pas à la négocier. Au contraire, elles auraient parfois tendance à se focaliser uniquement sur un chiffre, alors que l'évolution de leur carrière et l'accompagnement de leur famille sont des questions fondamentales. Le salarié devrait inclure le conjoint dans sa négociation, aussi bien pour des aspects matériels comme la retraite, que pour le projet du conjoint pendant la mobilité.

Les marges de négociation sont de plus en plus ténues pour les salariés. Par exemple, pour la méthode pays d'origine, l'essentiel est de bien négocier son salaire de base. Il ne faut pas oublier également de prendre en compte les autres éléments essentiels entrant dans la composition du package, tels que les variations du taux de change, la possibilité de revenir dans son pays d'origine au moins une fois par an – voire plus – pour faciliter son retour, ou encore les avantages particuliers concernant par exemple la scolarité des enfants.

Les richesses obtenues lors d'une mobilité internationale sont la découverte, la connaissance de soi et l'acceptation de l'autre dans toute sa diversité. Bien évidemment, cela n'exonère pas les individus de comprendre les composantes monétaires de leur rétribution lors d'une mobilité internationale, ni l'entreprise de proposer une rémunération équitable.

**Pistes d'action**   Faites éclaircir tous les points qui concernent votre package.

Ne vous concentrez pas uniquement sur un chiffre global, soyez attentifs aux « à-côtés »
comme l'accompagnement de votre conjoint
dans sa recherche d'activité ou la prise
en charge de la scolarité de vos enfants.

Raisonnez en net et non en brut. En d'autres termes, posez-vous la question suivante :
« Que me restera-t-il après les impôts
et la prise en compte des coûts engendrés
par la mobilité comme le coût du logement ? »

**Pistes Internet** ▶

**Synthèse multimédia** *Principes de la sélection et de la rémunération des expatriés* (thème n° 2).
**Fiche détaillée** *Les méthodes de rémunération.*
**Témoignage** *Les composantes des rémunérations.*

# 14 | De l'équité dans la mobilité

## Repères et objectifs

L'équité est une question sensible dans sa propre culture. Chacun d'entre nous cherche à être traité de manière juste par rapport aux autres. Mais quels autres ?

**Dans le cadre d'une mobilité internationale, ces autres, les référentiels, sont multiples, à commencer par ceux qui sont restés en France et en terminant par les locaux, ceux qui vous accueillent.**

L'objectif de ce chapitre est de :

→ exposer les référentiels que vous utiliserez peut-être pour vous comparer aux autres ;

→ vous faire prendre conscience que si vous partez à l'étranger, les locaux du pays d'accueil se compareront probablement à vous et pourraient trouver leur situation injuste ;

→ examiner comment l'équité est au centre de la collaboration entre les expatriés et les locaux du pays d'accueil.

L'équité devient un mot à la mode. Elle s'impose dans les discours des managers qui la présentent comme un objectif à atteindre.

Cependant, l'écart entre le discours et la pratique reste important, et les salariés ont plutôt tendance à se plaindre d'une absence d'équité et le plus souvent d'une sous-équité. Comme l'équité est affaire de comparaisons, cela peut paraître surprenant d'avoir une majorité de personnes insatisfaites.

Cela l'est moins quand nous mettons l'accent sur ses ressorts psychologiques, fondés sur la perception subjective ancrée sur des référentiels particuliers à chaque individu. En effet chacun a ses propres sources de comparaison.

Considérer l'équité dans un contexte international complique encore les choses en multipliant les référentiels. Afin d'y voir plus clair, un petit détour par la théorie nous semble nécessaire.

## L'équité : c'est quoi ?

Les théories de l'équité ne datent pas d'aujourd'hui.

Au début des années 60, Adams[1] a proposé une théorie de l'équité qui permet de décoder de nombreuses réactions individuelles dans les organisations.

> La théorie de l'équité d'Adams stipule qu'une personne compare son ratio « rétribution/contribution $(R/C_A)$ » au ratio « rétribution/contribution $(R/C_B)$ » d'une autre personne – ou d'un ensemble de personnes – considérées comme point de référence. Cette référence ou repère peut appartenir à l'organisation dans laquelle l'individu est salarié, il s'agit alors d'équité (ou d'iniquité) interne ; soit être prise à l'extérieur de l'organisation (une enquête sur les rémunérations parue dans la presse), il s'agit alors d'équité (ou d'iniquité) externe.
>
> L'individu compare donc ses *inputs* au profit de l'organisation (ses efforts, ses compétences, son expérience) et ses *outputs* (les avantages qu'il en retire en termes de rémunération, de reconnaissance ou par exemple de statut).
>
> La comparaison subjective qu'il fait de ce ratio avec celui de l'individu ou groupes d'individus qu'il prend comme point de repère l'amène à trois types de perception, à savoir la sur-équité, la sous-équité et l'équité.

L'équité correspond à l'égalité entre le ratio de l'individu qui compare et celui de l'individu qui sert de point de repère. Dans les autres cas, il s'agit de situations de sur-équité ou de sous-équité. Selon la théorie d'Adams, que la situation lui soit favorable ou défavorable, l'individu recherchera toujours l'équité, ce qui le conduit à modifier un des composants de son ratio afin d'y parvenir.

Il peut ainsi modifier sa contribution positivement, en travaillant davantage, ou négativement en « levant le pied », voire même quitter l'entreprise. L'individu peut aussi changer de référentiel, c'est-à-dire de point de comparaison, pour retrouver une situation d'équité.

---

1. Adams J. S. (1963), « Toward an understanding of inequity », *Journal of Abnormal and Social Psychology*, 67, 422-436.

Les personnes n'ont pas toutes les mêmes référentiels. Cependant, il est important de noter que c'est l'individu, et lui seul, qui choisit son référentiel. L'entreprise ne peut imposer ce choix. En revanche, elle peut aider l'individu à mieux comprendre les composantes de son ratio, et notamment sa rétribution.

## À qui se comparent les expatriés ?

Dans une mobilité internationale, les locaux et les expatriés du pays d'origine ne sont pas les seuls référentiels.

Nous avons identifié dans des travaux antérieurs quatre types de populations pertinents lorsqu'une entreprise poursuit la recherche de l'équité du système de récompense des expatriés, à savoir :

- les expatriés du pays d'origine ;
- les expatriés de pays tiers ;
- les locaux ;
- les sédentaires du pays d'origine.

Les expatriés du pays d'origine peuvent facilement se comparer aux autres expatriés provenant du même pays, notamment du fait de leur proximité culturelle. Ils se compareront aussi aux expatriés de pays tiers, et ces derniers ont aussi normalement cette possibilité. Une différence de traitement pourrait avoir pour résultat un comportement de retrait des salariés se sentant en sous-équité. Nous avons mentionné les locaux, qui peuvent percevoir une sous-équité, surtout lorsque le système de rémunération des expatriés est calqué sur le système du pays d'origine dont le niveau de vie est plus élevé que celui du pays d'accueil. Symétriquement, les expatriés pourraient se retrouver en sur-équité dans la mesure où les locaux font partie de leurs référentiels. Enfin, les nationaux sédentaires du pays d'origine constituent aussi un référentiel possible. Les expatriés se sentiront en situation d'équité dans la mesure où ils comprendront les ressorts de leur rémunération, et pourront alors trouver leur rémunération d'expatrié juste par rapport à celle qu'ils avaient avant la mobilité, ou par rapport à ceux qui travaillent dans leur pays d'origine.

Une communication pourrait aussi être faite aux sédentaires afin de leur donner une vision plus réaliste de l'expérience d'expatriation. Accepter de partir et de remplir une mission qui est souvent loin d'être une sinécure mérite une compensation. Les expatriés peuvent aussi participer à cette communication.

# À qui se comparent les locaux ?

Récemment, des chercheurs[2] ont proposé un modèle afin de mieux comprendre la réaction des nationaux du pays d'accueil, les locaux, face aux rémunérations des expatriés.

Ce modèle se décompose en deux parties : d'une part les déterminants du choix des expatriés par les locaux comme référentiels et d'autre part les résultats de cette comparaison.

Parmi les déterminants, les pratiques de rémunération qui différencient les expatriés des locaux, en faisant ressortir les différences identitaires nationales des deux groupes, augmentent la probabilité que les locaux choisissent les expatriés comme référentiel.

En effet, l'approche de rémunération majoritairement utilisée par les multinationales est la méthode pays d'origine, qui repose sur le maintien du pouvoir d'achat de l'expatrié dans le pays d'accueil. Lorsque le niveau de vie dans le pays d'accueil est fortement inférieur à celui du pays d'origine, les locaux vivront une sous-équité et les expatriés une sur-équité, dans le cas où ils constitueraient chacun un référentiel pour l'autre.

> ▸ Eric est expatrié en Indonésie dans la filiale d'une multinationale importante dans le domaine des télécommunications. Sa rémunération est très généreuse par rapport aux salariés locaux qui sont à un niveau de responsabilité semblable. Cela lui permet de vivre dans un environnement très privilégié, ce qui n'est pas le cas des salariés locaux occupant un poste semblable. Il dispose aussi d'une excellente assurance santé pour lui et sa famille et de la possibilité en cas de problème sérieux d'être soigné dans les meilleurs hôpitaux de la région. Les salariés locaux n'ont pas cet avantage. Ils risquent de se sentir en sous-équité, ce qui pourrait les conduire à diminuer leurs efforts. Eric pourrait avoir du mal à obtenir leur collaboration, sa situation pouvant être jugée comme trop privilégiée.

## Équité et collaboration entre locaux et expatriés

Le modèle précédent s'intéresse également aux réactions des locaux lorsqu'ils comparent leur rémunération avec celle des expatriés.

Lorsque les locaux perçoivent une divergence en termes de rémunération, ils peuvent se sentir « dépossédés », ce qui peut les conduire à des comportements de retrait, notamment par une diminution de leur contribution. Ils peuvent refuser de coopérer avec les expatriés, adoptant une attitude hostile.

2. Toh S. M. & DeNisi A. S. (2003), « Host country national reactions to expatriate pay policies: A model and implication », *Academy of Management Review*, 28(4), 606-621.

> Un comportement de retrait de la part de salariés locaux vivant une
> sous-équité peut avoir un impact sur la capacité des expatriés à
> travailler efficacement avec les locaux.

Les expatriés ont besoin du soutien des locaux pour réussir leur affectation. Parfois, cette réussite repose sur des liens d'amitié qui facilitent l'adaptation de l'expatrié non seulement à son travail et à l'entreprise d'accueil, mais aussi aux conditions générales de vie et plus largement à l'environnement du pays d'accueil.

## Il faut COM-MU-NI-QUER !

Les situations de sous-équité conduisent bien souvent dans les entreprises à une situation de sous-performance.

Lorsque la dimension internationale est impliquée, les référentiels possibles sont multipliés. Aussi, tous les acteurs de l'entreprise ont-ils intérêt à prendre conscience des comparaisons qui s'opèrent entre ces différentes populations.

Pour éviter de tels problèmes, certaines entreprises préfèrent s'appuyer sur une politique opaque afin d'éviter les comparaisons. Il s'agit bien évidemment d'une mauvaise solution, tant la comparaison semble inhérente à l'être humain. Elle commence très tôt dans la vie de l'individu. Les personnes cherchent à comparer ce qu'elles obtiennent de l'entreprise avec ce que les autres obtiennent, en particulier avec ceux avec lesquels ils sont régulièrement en contact. À force d'opacité, la comparaison en vient à se fonder davantage sur des rumeurs, ou sur une incompréhension de l'autre, que sur une réalité.

Sans prôner la transparence à tout prix, celle-ci a le mérite, si elle est accompagnée d'une communication adéquate et si elle soutient une politique juste, de permettre aux salariés d'avoir une perception plus réaliste de ce que les uns et les autres apportent et reçoivent de l'entreprise. Et si celle-ci ne peut justifier les différences de traitement de ses salariés, c'est qu'elle doit revoir sa copie.

**Pistes d'action** ⮕ Réfléchissez à votre approche de la question de l'équité. En général, à qui vous comparez-vous ? À l'international, quel sera votre référentiel principal ?

Renseignez-vous sur les salaires locaux et les conditions de vie de vos collègues et de vos collaborateurs avant de partir. Un différentiel de niveau de vie trop important ne facilitera pas des collaborations harmonieuses.

Pour limiter les « jalousies », apprenez à parler de votre contribution en vous basant sur des faits concrets,cela aidera les autres à mieux se situer par rapport à vous. Des esprits chagrins trouveront que vous vous mettez trop en avant, mais vous aiderez la plupart des personnes à évaluer plus justement ce que vous faites. Elles comprendront alors peut-être mieux votre rétribution qu'elles ne peuvent qu'estimer, en se trompant dans la plupart des cas. Gardez à l'esprit que l'expatrié a encore une image de « privilégié » ce qui est parfois vrai, mais peut ne pas être votre cas.

Faites-vous expliquer clairement les packages d'expatriation afin de comprendre les différences éventuelles entre expatriés et les différences entre mobiles et non-mobiles.

Pistes Internet ▶

**Synthèse multimédia** *Principes de la sélection et de la rémunération des expatriés* (thème n° 2).
**Fiche détaillée** *Rémunération et équité.*
**Illustration** *Formes d'équité et défis internationaux.*

PARTIE **4**

# LES RISQUES
# À NE PAS NÉGLIGER

*La mobilité internationale présente de nombreuses facettes positives.
Cependant toute personne qui envisage de partir à l'étranger devrait être
consciente de certains risques propres à la mobilité internationale. Il ne
s'agit pas ici de dresser un tableau noir de la mobilité mais de vous aider
à mesurer certains risques afin que vous puissiez prendre une décision de
mobilité et, le cas échéant, partir en toute connaissance de cause.
Nous aborderons ici les risques liés au contexte politique difficile de
certains pays, mais aussi des risques plus communs comme ceux
couverts par les régimes de protection sociale.
Nous aborderons également les risques d'une expatriation
lorsque les personnes en mobilité ne sont pas soutenues,
ni matériellement ni psychologiquement.
Cette question nous conduira à la problématique du retour,
à la fois en présentant les politiques des entreprises
et leurs implications pour les expatriés et les différentes
attitudes envisageables lors de votre retour.*

# 15 | Sécurité et expatriation : l'affaire de tous

**Repères et objectifs**

Vous savez que le monde n'est pas sans risques... **Certaines destinations internationales exigent de prendre des précautions.**

Partant du principe qu'« une personne avertie en vaut deux », ce chapitre souhaite vous :

→ sensibiliser aux questions de sécurité dans le cadre d'une mobilité internationale ;

→ présenter les politiques de sécurité mises en place par les entreprises ;

→ aider à développer des « réflexes » sécurité.

L'expatriation présente de nombreux aspects positifs pour les personnes qui la vivent. Elle offre des opportunités exceptionnelles d'interagir avec des personnes d'autres cultures. Cependant certaines mobilités comportent des risques que ni les entreprises ni les personnes ne doivent négliger.

# Prendre conscience des risques liés à une mobilité internationale

Pour les entreprises qui expatrient, la prise en compte de ces risques constitue un véritable défi[1].

Pour les salariés, accepter une expérience internationale, voyages d'affaires ou expatriation pour quelques années, revient à accepter les risques qui l'accompagnent.

Cependant, les personnes en mobilité ne mesurent pas toujours la nature de ces risques ni leur ampleur. La presse se fait l'écho de certains d'entre eux comme le kidnapping ou l'assassinat d'expatriés par des terroristes. La violence de ces actes capte notre attention. Aussi, nous focaliserons-nous ici particulièrement sur eux. Cependant l'expatriation comporte aussi d'autres risques tels que les risques naturels, politiques ou économiques.

Tous les individus n'apprécient pas le risque de la même manière. Certains ne se sentent pas concernés alors que d'autres y trouvent une source de préoccupations constantes.

Les entreprises font courir des risques aux expatriés lorsqu'elles les affectent dans des pays où leur bien-être peut être mis à mal et leur vie parfois mise en danger. Afin d'atténuer ces risques, les entreprises peuvent mettre en place des politiques spécifiques afin de protéger leurs salariés.

## Les politiques de gestion des risques

La gestion des risques devrait être partie intégrante de la gestion des expatriés parce qu'elle touche aux principaux aspects d'une expatriation.

Une politique complète comprend à la fois des éléments de prévention et de gestion de crise.

**Les politiques de prévention** consistent à minimiser les risques avant qu'ils ne se matérialisent. La **gestion de crise** consiste à réduire les conséquences négatives des risques une fois qu'ils se sont matérialisés.

---

1. Ce chapitre s'appuie en grande partie sur le rapport du Cercle Magellan, commission Risque, Santé et Sécurité, 2004. Il s'appuie aussi sur un article en cours d'écriture en collaboration avec Paula Caligiuri : « The dark side of global assignments: managing risk in a turbulent world ».

Ces politiques, qui incluent l'expatrié et sa famille, exigent une participation active de leur part. Elles prennent en compte les questions de sécurité :

- au domicile familial ;
- dans les déplacements entre le domicile et le lieu de travail ;
- sur le lieu de travail ;
- durant les activités liées à la vie privée : loisirs, shopping et écoles des enfants par exemple.

Ces politiques se fondent sur une politique d'évaluation des risques et elles nécessitent d'être auditées afin d'en mesurer les contours et l'efficacité attendue. Aussi, proposons-nous ci-après de présenter les politiques de gestion des risques par les entreprises selon quatre axes : l'évaluation des risques, la prévention, la gestion des crises et l'audit de sécurité.

# La prévention des risques liés à l'expatriation

La prévention consiste à déterminer le type de risques présent dans un pays, une entreprise ou un lieu particulier et leurs probabilités de se concrétiser, ainsi que leurs conséquences s'ils deviennent réalité.

La gamme des politiques de prévention est large. Une des premières politiques préventives est d'éviter d'envoyer des expatriés dans des pays dangereux, ou de les rapatrier quand l'environnement devient trop risqué. Quand les entreprises considèrent que l'expatriation est une option difficile à écarter, elles peuvent choisir d'expatrier une personne en célibataire, plus facile à protéger qu'une famille.

Les politiques mises en place comprennent trois phases :

- des programmes de pré-départ ;
- des pratiques de sécurité dans le pays ;
- l'analyse d'incidents.

## Programmes de pré-départ

Les programmes de pré-départ, qui devraient s'inscrire dans toute formation interculturelle, invitent les salariés à être proactifs quant à leur sécurité.

Ils comprennent notamment des formations de sensibilisation aux questions de sécurité et des conseils pour les expatriés et leur famille concernant leurs comportements dans le pays qui pourraient affecter leur sécurité. Par exemple, adopter une attitude discrète en toute circonstance semble primordial. Des formations de self-défense, voire des programmes pour s'échapper d'une attaque ou d'une embuscade en voiture, peuvent être proposés.

La formation interculturelle ne se limite pas au pré-départ mais s'inscrit dans les différentes phases de la mobilité internationale selon le principe de la formation séquentielle. Dans le pays, les expatriés et leur famille ressentent les risques plus directement qu'avant la mobilité internationale et sont donc davantage réceptifs à ce type de programme.

Prévenir revient aussi à assurer les salariés et leur famille contre le risque de kidnapping et de terrorisme. Le coût des assurances augmente dramatiquement dans les pays qui connaissent de nombreux enlèvements. Les assurances peuvent couvrir, en plus des rançons exigées par les kidnappeurs, les honoraires d'experts qui agissent comme négociateurs afin de faciliter la libération des expatriés.

## Pratiques de sécurité dans le pays

La communication est au centre des politiques de sécurité. En effet, la prévention dans le pays s'organise principalement autour d'une politique de communication constante sur les défis liés à la sécurité.

Il s'agit pour l'entreprise d'avoir une base de données complète et à jour concernant l'expatrié et sa famille. Cette base de données doit contenir aussi bien des informations professionnelles que personnelles.

Au niveau professionnel, la connaissance de la langue locale et de la personne à contacter en cas de problème s'avèrent importantes. Au niveau personnel, les informations sur l'école des enfants ou le travail du conjoint doivent être répertoriées.

L'enregistrement au consulat contribue aussi à mieux localiser les expatriés en cas de menaces afin d'intervenir rapidement.

Fournir à l'expatrié et à sa famille des moyens de communication adéquats pour joindre leur siège ou tout autre contact participe également à leur sécurité. Dans certains pays, des téléphones satellites s'avèrent indispensables. Les moyens de communication mis à la disposition des expatriés doivent être sûrs, afin que des informations sensibles quant à leur sécurité ne soient pas interceptées par des personnes mal intentionnées.

Enfin des informations régulières peuvent être fournies sur les risques liés au pays d'affectation.

La protection liée au domicile de l'expatrié commence par le choix d'un quartier sûr. Dans certaines situations, la seule alternative revient à vivre dans un complexe sécurisé par des gardes armés. Une protection personnelle peut être fournie, comme des gardes du corps ou une voiture blindée.

Une grande majorité des kidnappings se produisent lorsque l'expatrié est près de son domicile ou de son bureau. La maison même des expatriés doit donc être

équipée des systèmes de protection les plus modernes. Une attention particulière doit être portée au recrutement du personnel de maison et des chauffeurs.
Les expatriés ont aussi besoin d'avoir à leur disposition un plan d'urgence en cas de crise, répertoriant les démarches à suivre.

## Analyse d'incidents

Une politique de sécurité passe également par un suivi de tous les incidents relatifs à la sécurité, même s'ils n'apparaissent pas gravissimes. Noter et comprendre un incident mineur peut prévenir la matérialisation d'un incident majeur.

# La gestion de crise

Malgré la prévention et les politiques de sécurité mises en place, un incident majeur peut survenir.
Selon le rapport du Cercle Magellan sur les risques et la sécurité, la gestion de crise comprend cinq composants :

- elle nécessite tout d'abord un guide des procédures qui détaille les étapes à suivre en cas de crise ;
- le deuxième composant consiste à instaurer une unité de crise, ou petite structure réunissant les partenaires à mobiliser en cas de crise ;
- le troisième composant consiste à prévoir un plan d'évacuation qui couvre le plus d'options possibles. Il adresse les questions suivantes : qui évacuer, comment évacuer, pour combien de temps, et où ;
- une assistance psychologique s'avère également indispensable. La littérature sur l'expatriation montre que l'étape du retour est délicate pour les expatriés dans des circonstances normales. Lorsque des évènements dramatiques, mettant en danger la vie de l'expatrié et de sa famille, entraînent un retour forcé, une aide psychologique s'impose ;
- une communication de crise constitue le dernier composant. La communication interne s'adresse à tous les salariés, afin d'éviter les rumeurs et d'envoyer un message positif aux expatriés potentiels : en l'occurrence, en montrant que l'entreprise sait gérer efficacement une situation de crise. La communication externe s'avère particulièrement sensible en cas de kidnapping.

# L'audit de sécurité

L'audit de sécurité s'inscrit dans une approche de sécurité totale.

Comme tout audit, il examine les risques et opportunités liés à la politique de sécurité des expatriés ou l'absence d'une telle politique. Il passe en revue tous les aspects de cette politique, y compris les implications légales pour l'entreprise. Cette dernière peut par exemple informer ses expatriés que l'entreprise ne peut être tenue responsable pour les incidents dus au non-respect des normes de sécurité établies par l'entreprise.

# Tous concernés

Les politiques exposées ci-dessus s'adressent principalement aux expatriés qui peuvent être des cibles privilégiées du fait de leur nationalité et de la fonction qu'ils occupent dans des pays à risques.

Cependant, tous les expatriés et plus largement tous les salariés d'une filiale peuvent être victimes de risques tels que le terrorisme, des maladies particulières, la révolte de la nature – tremblements de terre, ouragans et autres phénomènes météorologiques.

Aussi cette situation pose-t-elle le problème de l'équité, en particulier pour les locaux pour lesquels les expatriés sont des référents. L'approche « sécurité totale » pour les expatriés ne signifie pas toujours « sécurité pour tous », ni pour tous les risques.

> La sécurité devrait être l'affaire de tous :
> sièges sociaux, filiales, expatriés et locaux.

**Pistes d'action**    Avant de partir, consultez le site Internet du ministère des Affaires étrangères afin de connaître les risques liés au pays de destination.

Si vous partez pour une entreprise, demandez-lui ce qu'elle a prévu pour prévenir les risques et informez-vous sur sa politique de gestion de crise.

Si vous partez de votre propre initiative, inspirez-vous des politiques présentées dans ce chapitre pour limiter les risques que vous pourriez encourir.

Dans tous les cas, ne sous-estimez pas les risques. Ils n'arrivent pas qu'aux autres.

Pistes Internet

**Synthèse multimédia** *L'adaptation au cœur de l'expatriation* (thème n° 1).
**Fiche détaillée** *La liberté de choix et l'entreprise.*
**Guide personnel** *Les critères qui rentrent en compte dans votre décision* (questionnaire n° 7).

# 16 | Quelle protection sociale pour les personnes à l'étranger ?

### Repères et objectifs

Chacun est habitué à bénéficier dans son pays d'origine d'une certaine protection sociale que l'on finit par considérer comme « allant de soi ». **Or partir à l'étranger implique un changement de statut par rapport au système de protection sociale de son pays.**

Aussi, l'objectif de ce chapitre est de :

→ insister sur le fait que les systèmes de protection sociale diffèrent selon les pays ;

→ souligner la complexité de la protection sociale à l'international ;

→ expliquer la différence entre le statut de détaché et d'expatrié.

La protection sociale des salariés mobiles constitue un enjeu crucial, tant pour les entreprises que pour les salariés qui partent travailler dans un autre pays.

Vivre une mobilité internationale, comme toute activité humaine, comporte une part de risque.

Inhérente à la nature humaine, la maladie s'affranchit des frontières et certaines maladies se développent plus facilement dans certaines régions du monde que dans d'autres.

Qu'il reste dans son pays ou qu'il décide de partir à l'étranger, la maladie constitue une menace pour l'homme. Au niveau individuel ou sociétal, les personnes tentent de se couvrir contre le risque maladie mais aussi contre deux autres risques importants, la vieillesse et le chômage.

## Des règles différentes selon les pays

Les sociétés, tout au long de leur histoire, n'ont pas apporté les mêmes réponses face aux risques. Aussi, ce qui est acquis dans un pays ne l'est pas forcément dans le pays où l'on souhaite vivre son expérience internationale.

En France, le caractère obligatoire de la Sécurité sociale la rend naturelle et allant de soi. Bien évidemment, ce n'est pas le cas partout dans le monde.

Tous les pays n'adoptent pas les mêmes règles et modalités, que ce soit pour les remboursements des frais de santé ou les versements de revenus liés à une impossibilité temporaire ou définitive de travailler. Aussi est-il nécessaire de bien comprendre le système de protection sociale de son pays d'origine et le système de protection sociale du pays de destination afin de ne pas avoir de mauvaises surprises.

## Protection sociale en France

En France, la protection sociale recouvre principalement trois aspects :

- **l'assurance maladie et l'accident du travail.** Cet aspect comprend également la maternité, l'invalidité et le décès ;
- **la retraite.** Le risque vieillesse est un risque dans la mesure où, lorsque l'individu atteint un certain âge, sa capacité à exercer une activité génératrice de revenus s'arrête. Aussi a-t-il besoin d'anticiper ce changement en prévoyant un revenu qui va se substituer à son revenu d'activité. La retraite comprend deux aspects, à savoir la retraite de la Sécurité sociale et les retraites complémentaires ;
- **l'assurance chômage.** Il s'agit de couvrir les salariés contre le risque de perdre leur emploi lorsqu'ils travaillent dans un secteur non protégé.

## Protection sociale à l'international

Les questions de protection sociale à l'international sont complexes car elles dépendent notamment de la destination, de la durée, du type de contrat de travail avec en particulier la loi applicable à ce contrat.

Voici une illustration relative à la loi qui s'applique au contrat de travail.

▶ En France, l'article L . 122-14-8 du Code du travail prévoit le rapatriement et la réintégration du salarié dans son entreprise d'origine lorsqu'il a travaillé en France, puis a été mis à disposition par la société mère dans une filiale étrangère qui l'a ensuite licencié. Mais cet article ne s'applique en principe que si le contrat de travail est soumis à la loi française. L'obligation de rapatriement ne concerne pas en principe la famille qui a accompagné le salarié. Aussi, faut-il prévoir une clause dans le contrat ou avenant afin d'inclure la famille dans le rapatriement[1].

À titre d'illustration de l'importance de la destination, une mobilité dans l'Espace économique européen (EEE) relève de règles particulières par rapport aux autres destinations. Par exemple, la protection contre le chômage relève d'un règlement communautaire.

Les personnes en mobilité doivent se tourner vers des organismes particuliers pour les risques à couvrir.

C'est le GARP[2] qui gère le régime expatrié de l'assurance chômage avec des règles particulières. Les personnes peuvent relever du régime français d'assurance chômage des expatriés si elles sont salariées dans un pays étranger autre que la Suisse, un pays de l'Union européenne (UE) ou de l'Espace économique européen (EEE). Quelle que soit leur situation ou celle de leur employeur, elles ont droit ou peuvent avoir droit à l'assurance chômage en cas de perte d'emploi.

Si l'entreprise est établie en France, en UE ou EEE, elle a l'obligation de s'affilier et de prendre en charge les cotisations. Elle doit assurer les personnes en mobilité dans les deux premiers mois de leur activité à l'étranger.

Si l'entreprise est située hors Suisse, UE et EEE, elle peut affilier ses salariés, mais cela n'est pas obligatoire. Les personnes peuvent adhérer individuellement au régime français de l'assurance chômage des expatriés. Dans ce cas, la totalité des contributions est à leur charge.

Les cotisations sont généralement assises sur l'ensemble des rémunérations brutes plafonnées converties en euros sur la base du taux de change en vigueur lors de leur perception. Les durées d'indemnisation varient en fonction du salaire perçu, de la durée du travail à l'étranger et de l'âge de l'expatrié. Ces régimes pouvant évoluer, la personne en mobilité a intérêt à se tenir régulièrement informée des changements éventuels en contactant directement les organismes qui les gèrent.

Pour les questions de sécurité sociale lors d'une mobilité en Europe, le Centre des liaisons européennes de sécurité sociale (CLEISS)[3] peut répondre aux questions relatives aux accords communautaires ou aux versements de prestations.

---

1. Site juridique de la CFDT Cadres : http://juridique.cadres-plus.net/
2. Garp /Expatriés - BP 50 - 92703 Colombes Cedex. www.assedic.fr
3. CLEISS, 11, rue de la Tour des Dames, 75436 Paris cedex 09, tél. : 01 45 26 33 41; 01 49 95 06 50 www.cleiss.fr.

# Détachement ou expatriation au sens de la Sécurité sociale

Lorsqu'un salarié est transféré à l'international, il a tout intérêt à comprendre la politique de son entreprise en matière de contrat et de protection des risques sociaux.

Les entreprises n'ont en effet pas toutes la même approche des risques et ne protègent pas toutes leurs salariés avec le même soin. Elles peuvent rechercher la meilleure protection pour leurs salariés pour les rassurer et lever un frein potentiel à la mobilité. Elles peuvent aussi s'efforcer de maintenir les coûts de protection sociale les plus faibles possibles. Le compromis entre ces deux exigences peut être résumé par le terme d'optimisation des politiques sociales.

En matière de protection sociale des personnes en mobilité, la distinction entre détachement et expatriation est fondamentale. Ces termes n'ont de définitions juridiques précises qu'en droit de la Sécurité sociale.

> Le Code de la Sécurité sociale distingue l'expatrié du détaché sur la longueur du temps passé à l'étranger. La loi française a fixé la durée du détachement à 6 ans au maximum (3 ans renouvelables une fois). Au-delà de cette durée, le détaché devient un expatrié. Cette distinction est donc surtout utile quant au rattachement de l'individu à un régime social. Le maintien de la protection sociale française ne peut pas excéder 12 mois (renouvelables une fois) dans l'Espace économique européen.

## Détaché

Un détaché, au sens de la Sécurité sociale, est une personne envoyée en déplacement à l'étranger pour une durée limitée par une entreprise ayant son siège social en France. Le détachement n'entraîne aucune modification de la couverture sociale.

En effet, la couverture de la Sécurité sociale est maintenue en France, selon une durée définie par les accords de Sécurité sociale passés avec le pays d'affectation. À défaut de convention, la loi française plafonne la durée à trois ans, renouvelables une fois. Au-delà de la durée fixée par la convention bilatérale (avec le pays d'accueil), l'employeur peut conserver le dispositif du détachement dans la limite de six ans, en cotisant doublement, à la fois en France et dans le pays d'accueil.

Le détachement est une procédure facultative pour l'employeur. En réalité, il a le choix entre le détachement ou l'expatriation pour ses salariés qui travaillent à l'étranger. L'employeur recourt le plus souvent au détachement pour une mobilité de quelques mois. Au-delà, il ne recourt pas forcément au détachement, même si la loi l'y autorise.

## Expatrié

Dans le langage courant, le terme « expatrié » représente une personne en mobilité internationale.

Pour la Sécurité sociale, ce terme a un sens bien précis : un expatrié, au sens de la Sécurité sociale, est une personne qui travaille à l'étranger pour un employeur français qui n'a pas choisi le détachement ou qui ne peut plus lui conserver son statut de détaché, la durée maximale du détachement étant atteinte.

Ainsi, le salarié peut-il partir à l'étranger avec le statut de détaché et en cours de séjour prendre le statut d'expatrié, toujours au sens de la Sécurité sociale.

Toute personne qui part travailler dans un pays étranger indépendamment d'un employeur de son pays d'origine se retrouve expatriée au sens de la Sécurité sociale française. En d'autres termes, cette personne n'a plus de lien avec le régime français.

Dans le cas de l'expatriation au sens de la Sécurité sociale, l'obligation d'assurance au régime français disparaît. Le salarié est soumis à la législation du pays d'accueil. Néanmoins, le salarié a toujours la possibilité de conserver un lien avec la Sécurité sociale française. Il le fera à travers la Caisse des Français de l'Étranger (CFE)[4], avec deux modalités possibles qui sont l'adhésion individuelle ou l'adhésion par l'employeur qui peut prendre en charge tout ou partie de la cotisation.

La continuité d'adhésion à la Sécurité sociale française ne soustrait pas la personne qui a fait le choix de la CFE au régime de protection sociale du pays de mobilité. Cette continuité peut permettre à l'expatrié, au sens de la Sécurité sociale, de bénéficier d'une protection sociale « sur mesure ». En effet, il est possible de cotiser, au choix, à un ou plusieurs risques parmi la maladie-maternité-invalidité, les accidents du travail-maladies professionnelles et la vieillesse.

Ainsi, lorsque la personne ou son entreprise optent pour la couverture du risque « vieillesse », cela lui permet d'éviter de perdre des trimestres de cotisation pour la retraite. Pour les cadres, l'adhésion volontaire à l'Institution de retraites des cadres et assimilés de France et de l'extérieur (Ircafex) permet de prolonger l'application de la réglementation française en matière de retraite complémentaire. Les assurés valident des droits qui seront pris en compte dans le calcul de leur retraite.

---

4. CFE, 12, rue la Boétie, 75008 Paris, tél. : 01 40 06 05 80, fax : 01 40 06 05 81, courrier@cfe.fr.

Être rattaché au système français n'est pas toujours la panacée. En effet, un détaché ou expatrié avec une couverture CFE dans un pays où les soins sont plus onéreux qu'en France verra ses remboursements de soins effectués sur la base des tarifs français. La nomenclature des soins de la Sécurité sociale est difficilement transposable ailleurs, et la Sécurité sociale rembourse selon ses propres règles. Aussi, détaché dans un pays comme les États-Unis où les soins sont très chers, il est nécessaire de prendre une assurance complémentaire santé afin d'être mieux remboursé.

## Cela n'arrive pas qu'aux autres !

Face aux risques, les personnes ne réagissent pas de la même manière. Certaines s'inquiètent de leur retraite à 20 ans, d'autres ne s'en préoccupent que très tardivement. À chacun ses propres raisons...

Certains ont une santé de fer et sont persuadés que c'est un acquis, alors que d'autres ont déjà connu les épreuves et les incertitudes liées à la maladie.

Avant toute décision en matière de protection sociale pour une mobilité internationale, il faut bien apprécier les risques encourus ainsi que sa tolérance aux risques. C'est toujours un pari sur l'avenir.

Des recherches en psychologie ont montré que les personnes avaient tendance à présenter un biais d'optimisme par rapport à des évènements négatifs, en particulier ceux relatifs à la santé. Les personnes se sentent en général invulnérables : les autres peuvent être victimes de malheurs et de malchance, mais pas soi-même. Ce regard n'est pas simplement une attitude positive par rapport aux choses de la vie mais une erreur de jugement qualifiée d'« optimisme irréaliste[5] ».

5. Weinstein N. D., (1980), « Unrealistic optimism about future life events », *Journal of Personality and Social Psychology*, 39(5): 806-820.

**Pistes d'action** Ne partez pas sans connaître votre statut, détaché ou expatrié, et ses conséquences au niveau des risques santé, vieillesse et chômage.

Si c'est une entreprise qui vous détache ou vous expatrie, alors demandez à la direction des ressources humaines que l'on vous explique concrètement ce que cela signifie. Pour cela, posez des questions simples du type :
– si je suis malade, quels seront mes revenus, comment serais-je remboursé pour le médecin, les médicaments, etc. ?
– et ma famille ? Sera-t-elle couverte ? Comment ?
– si j'ai un accident pendant mon séjour, dans quelles circonstances sera-t-il considéré comme accident du travail ?
– que se passera-t-il s'il y a rupture du contrat de travail ?
– quelles sont les conséquences de cette mobilité pour ma retraite, en particulier par rapport au système français ?

Si vous partez indépendamment d'une entreprise, vous serez expatrié au sens de la Sécurité sociale. Posez-vous les mêmes questions que ci-dessus.

Avant de partir, contactez les différents organismes qui gèrent les risques à l'international afin de comprendre leur fonctionnement et comment ils peuvent vous aider en cas de problème.

Contactez des expatriés ou des personnes qui sont rentrées très récemment de la destination qui vous intéresse afin d'avoir leurs conseils et d'éviter leurs éventuelles difficultés.

Pistes Internet

**Synthèse multimédia** *Principes de la sélection et de la rémunération des expatriés* (thème n° 2).
**Fiche détaillée** *Les protections sociales des salariés mobiles.*
**Fiche détaillée** *Gestion sociale des salariés en mobilité.*

# 17 | Non-assistance à personnes en mobilité : danger !

**Repères et objectifs**

Dans une mobilité géographique, on a souvent besoin du soutien des autres, qu'il soit logistique ou émotionnel.

L'objectif de ce chapitre est de :

→ insister sur le fait que l'expatriation n'est pas un événement anodin ;

→ souligner l'importance des aspects logistiques, en particulier l'importance du service de relocation pour faciliter la réussite d'une mobilité internationale ;

→ comprendre que le soutien peut aussi être émotionnel. Apporté par l'entreprise d'origine et/ou d'accueil, il favorise la réussite à l'international.

La vie est un processus d'adaptation permanent. Dans le cadre d'une expatriation, le soutien qu'une personne peut recevoir s'avère déterminant pour son adaptation internationale et la réussite de sa mission.

L'expatriation est parfois perçue comme un événement anodin par ceux qui ne la vivent pas directement. Pourtant, toute mobilité internationale constitue un changement fondamental dans la vie d'un individu et de sa famille, dans le cas où cette dernière l'accompagne. Ce changement comporte deux dimensions principales, à savoir l'environnement physique et l'environnement humain. La réponse en termes de soutien se traduit par une aide logistique et une aide sociale apportées principalement par l'organisation. Le soutien familial favorise aussi le processus d'adaptation internationale.

# Le rôle majeur de l'aide logistique

Les travaux théoriques et empiriques sur l'adaptation internationale soulignent l'importance de l'aide logistique dans l'adaptation d'une personne lors d'une mobilité internationale. Le principe théorique qui sous-tend l'adaptation est celui de la réduction de l'incertitude.

Les aspects logistiques d'une mobilité internationale peuvent être à l'origine de nombreuses incertitudes. Aider l'expatrié à réduire ces incertitudes est l'objet de l'aide logistique, qui englobe tous les aspects matériels d'une mobilité.

> L'aide logistique permet à l'expatrié de se concentrer rapidement
> sur son travail, son esprit étant libéré des principaux soucis
> matériels liés à une mobilité.

Lorsqu'une personne vit dans un environnement donné, elle finit par oublier la complexité des démarches administratives propres à cet environnement. Une mobilité nationale lui rappellera probablement que ces démarches peuvent prendre du temps ! Une mobilité internationale ajoutera au facteur temps un facteur de compréhension des nouvelles règles.

Arriver dans un nouvel environnement, c'est d'abord trouver un logement et s'installer. Les règles d'achat ou de location varient en fonction des pays. Cela peut paraître une évidence de le noter. Cependant, lorsqu'une personne est réellement confrontée à cette situation, cette évidence revient à un saut d'obstacles, parfois périlleux. Sous la pression du temps, l'individu doit trouver un nouveau logement, meublé ou non, obtenir toutes les connexions nécessaires, en particulier l'électricité et le téléphone. Dans certains pays, y compris les plus développés, cette étape peut s'avérer délicate.

Acheter une voiture peut devenir un cauchemar dans un environnement étranger, sans parler des assurances et autres formalités administratives. Comprendre la réglementation locale, notamment fiscale, passer un permis de conduire, ouvrir un compte bancaire, c'est tout un ensemble de démarches presque naturelles dans son propre environnement qui deviennent presque insurmontables. Le salarié livré à lui-même peut y laisser beaucoup d'énergie.

Dès que l'on est étranger à un système donné, le sentiment d'impuissance par rapport à ce nouvel environnement peut se développer rapidement.

## L'expatriation sans soutien est une course d'obstacles

Un impatrié indien me racontait récemment qu'un responsable de son entreprise, muté en Asie, se plaignait que cette expatriation lui causait de nombreux tracas.

C'était un travail à temps plein pour lui et sa femme. En particulier le permis de travail, le permis de conduire, l'école pour les enfants, le logement, louer sa maison en France et trouver un logement dans son pays d'affectation, vendre sa voiture en France, tout en continuant à assumer ses responsabilités professionnelles, s'accumulaient comme autant d'obstacles à surmonter.

L'impatrié a profité de cet échange pour lui rappeler que lorsqu'il était arrivé en France pour travailler dans cette même entreprise, il lui avait été demandé d'être opérationnel immédiatement, sans aucune assistance en ce qui concernait les aspects matériels de la mobilité. Pour l'impatrié, cette « non-assistance à personnes en mobilité » conduisait les étrangers à quitter cette entreprise dès qu'ils en avaient l'opportunité.

D'autres facteurs peuvent certainement intervenir dans ces départs. Cependant, ne pas montrer de soutien matériel lors d'une mobilité internationale envoie le message que l'entreprise ne se préoccupe pas du sort de ses salariés.

D'après l'impatrié, il a fallu que ce responsable soit lui-même confronté à la mobilité internationale pour réaliser la complexité des démarches administratives et logistiques et le temps qu'elles impliquent.

## Les services de *relocation*

Le terme « *relocation* » est un terme anglais utilisé par les professionnels de la mobilité internationale qui désigne des services proposés dans le pays d'accueil.

Ces services consistent notamment à aider la personne en mobilité à trouver un nouveau logement, à choisir une école pour ses enfants ou à comprendre les procédures administratives du pays d'accueil.

Dans la mesure où l'aide logistique apportée par l'entreprise est un facteur d'adaptation internationale, les salariés ont une forte attente à ce niveau. L'entreprise peut apporter une réponse à cette attente en fournissant un service de *relocation*. Il s'agit le plus souvent de confier à une entreprise spécialisée l'accompagnement matériel de la mobilité internationale.

Cet accompagnement n'est pas synonyme de déresponsabilisation de l'expatrié envers les aspects matériels de la mobilité internationale. Il présente au contraire l'avantage de répondre à ses inquiétudes tout en lui laissant une liberté de choix dans la limite d'un budget déterminé dans le package de rémunération.

> Apporter une aide logistique, c'est reconnaître que la mobilité internationale n'est pas un changement anodin dans l'environnement du salarié.

En fournissant cette aide, l'entreprise montre au salarié combien il compte pour elle. C'est à la fois reconnaître toute sa contribution à ce jour, et reconnaître les efforts qu'il fait dans le cadre de la mobilité actuelle.

De plus, l'aide logistique facilite la mobilité de toute la famille. Lorsque l'entreprise néglige cet aspect fondamental de la mobilité, c'est souvent le conjoint qui s'improvise dans ce rôle. Pourtant, les recherches ont montré que l'adaptation du conjoint accompagnateur est plus difficile que celle du salarié. Lorsque le conjoint assume les aspects matériels de la mobilité, le choc culturel peut se produire très tôt dans le processus d'adaptation, parfois même avant le départ. En effet, l'aide logistique s'avère surtout utile avant le départ à l'international et dans les premières semaines de la mobilité. L'expatrié peut être très vite absorbé par son travail, laissant à son conjoint la responsabilité des aspects matériels et administratifs dans un environnement souvent plein d'inconnues. Cette responsabilité peut alors apparaître trop lourde sur les épaules d'une seule personne.

De la part de l'entreprise, apporter une aide logistique, c'est reconnaître que toute la famille, et en particulier le conjoint, contribue au succès de cette expatriation. Soutenir la famille revient *in fine* à faciliter l'adaptation du salarié à travers l'adaptation de chacun des membres de sa famille.

## Le soutien émotionnel

Les personnes en mobilité attendent aussi, au-delà du soutien matériel, un soutien organisationnel plus large et davantage relié au travail lors de l'affectation internationale.

Le soutien matériel, qui comprend l'aide logistique, doit alors être accompagné d'un soutien émotionnel, nécessaire dans toutes les phases de la mobilité internationale. Il s'agit d'un soutien social, qui compte parmi les déterminants de l'adaptation internationale, en particulier l'adaptation au travail. Le soutien social réduit le stress au travail par un ou plusieurs des trois mécanismes suivants[1] :

---

1. Fenlason K. J. & Beehr T. A. (1994), « Social support and occupational stress: Effects of talking to others », *Journal of Organizational Behavior*, 15, 157-175.

- en agissant directement sur les tensions (les résultats du stress) ;
- en agissant directement sur les agents de stress (les causes du stress) ;
- en « amortissant » les agents de stress (effet amortisseur).

Trois types de soutien social ont été proposés[2], à savoir :

- un soutien émotionnel envisagé comme la dimension affective du soutien social : pouvoir compter sur quelqu'un et lui confier ses préoccupations est le moteur de cette dimension ;
- un soutien tangible matérialisé par une aide directe reliée au travail ou concernant des éléments propres au pays d'affectation ;
- un soutien informationnel qui revient à de l'information, du feedback et des conseils qu'une personne peut recevoir.

La personne en mobilité internationale peut obtenir un soutien social d'au moins quatre sources : dans le pays d'accueil, elle peut être soutenue par son supérieur, ses collègues, sa famille et ses amis ; depuis le pays d'origine, par l'organisation dans son ensemble et par un « parrain » en particulier (voir ci-dessous).

## Le « soutien organisationnel perçu »

Lorsque l'organisation est considérée dans son ensemble, le concept de « soutien organisationnel perçu » apporte un éclairage utile.

Le soutien organisationnel perçu par un salarié se mesure par le fait qu'il pense ou non que l'entreprise accorde de la valeur à sa contribution et qu'elle attache de l'importance à son bien-être.

Dans le cadre de la mobilité internationale, ce soutien sera élevé si le salarié pense qu'il est important pour l'entreprise et que cette dernière considère la mobilité internationale comme une contribution significative pour l'entreprise. Le soutien logistique, la rémunération proposée ou les politiques d'accompagnement du salarié une fois dans le pays d'accueil peuvent contribuer à une perception positive. Le soutien organisationnel perçu est associé positivement à l'adaptation de l'expatrié aux conditions générales de vie et à l'interaction avec les membres de la culture d'accueil, ainsi qu'à une meilleure performance au travail[3].

---

2. Latack J. L. (1993), « Work, stress, and careers: A preventive approach to maintaining organizational health », in M. B. Arthur, D. T. Hall & B. S. Lawrence, *Handbook of career theory*, Cambridge, Cambridge University Press (first edition, 1989), 252-274.
3. Kraimer M. L., Wayne S. J. & Jaworski R. A. (2001), « Sources of support and expatriate performance: The mediating role of expatriate adjustment », *Personnel Psychology*, 54(1), 71-99.

## Les systèmes de parrainage

Les systèmes de parrainage peuvent aussi avoir un impact positif sur le soutien organisationnel perçu. Au cœur de ces systèmes, le « parrain » permet de maintenir le cordon ombilical avec l'entreprise d'origine. En effet, à l'étranger, l'expatrié perd vite contact avec son entreprise d'origine. Il peut alors ignorer certaines modifications comme des changements dans l'organigramme ou de nouvelles orientations prises par son organisation. Instaurer un système de parrainage efficace fait partie de la panoplie des outils qui reconnaissent les difficultés d'une mobilité internationale, en particulier en ce qui concerne les questions du retour.

**Pistes d'action**   Avant de partir, répertoriez toute l'aide logistique dont vous aurez besoin.

Négociez cette aide logistique auprès de l'entreprise qui vous expatrie.

Si vous partez de votre propre initiative, anticipez les difficultés logistiques (trouver un appartement, faire toutes les démarches administratives, etc.) afin d'essayer d'y apporter des réponses en avance. Votre adaptation internationale en sera facilitée.

Afin de garder un lien avec votre entreprise d'origine, demandez à bénéficier du soutien d'un « parrain ».

Pistes Internet ▶

**Synthèse multimédia** *L'adaptation au cœur de l'expatriation* (thème n° 1).
**Fiche détaillée** *Au cœur de l'expatriation, la nécessité de l'adaptation.*
**Témoignage** *L'histoire d'une expatriation à double carrière.*

# 18 | Le retour d'expatriation, talon d'Achille de la mobilité internationale ?

**Repères et objectifs**

**Le retour d'expatriation n'a pas bonne presse.**

L'objectif de ce chapitre est de :

→ présenter le retour comme une « expatriation dans son propre pays » afin de vous montrer qu'il demande lui aussi une adaptation ;

→ vous aider à anticiper qu'au retour vous perdrez votre statut d'expatrié, et donc l'intérêt que vous pouvez susciter avec votre côté exotique, pour redevenir un individu comme les autres ;

→ montrer que le retour constitue davantage un problème pour l'entreprise que pour l'expatrié. Cependant, l'entreprise dispose d'une panoplie d'outils pour bien gérer le retour.

Le retour d'expatriation constitue une des difficultés majeures de la gestion des expatriés. L'intérêt qu'il suscite est accru aujourd'hui à la lumière d'un paradoxe singulier.

Alors que l'expertise internationale devient chaque jour davantage une nécessité dans un contexte de globalisation galopante, le processus de retour d'expatriation et ses défaillances continuent à alimenter la littérature académique et professionnelle.

Le sujet est aussi ancien que l'expatriation. En effet, cette dernière, définie comme une mobilité internationale temporaire intra-entreprise, implique de fait

© Groupe Eyrolles

la fin de l'expatriation avec l'étape du retour. Le retour d'expatriation est en permanence présent dans l'actualité. Il serait le talon d'Achille de la mobilité internationale et se révèle être une préoccupation sérieuse aussi bien pour les anciens expatriés que pour les entreprises.

## Le retour : une expatriation à l'envers

Pour l'expatrié, le retour d'expatriation peut être source de stress dans la mesure où il peut conduire à une déception quant à des attentes non satisfaites, aussi bien dans le domaine professionnel que dans le domaine privé.

Ce retour peut être vu comme une « expatriation dans son propre pays », avec des problèmes d'adaptation au pays d'origine aussi importants, voire même plus importants que ceux rencontrés dans le pays d'accueil. Le processus d'adaptation lors d'une expatriation a été décrit comme une courbe en U, le fond du U correspondant au choc culturel encadré d'une période de lune de miel et d'une période d'adaptation à la nouvelle situation.

Cette courbe, lorsqu'elle inclut le retour d'expatriation, se transforme en W : après avoir vécu un choc culturel lors de l'expatriation, une personne à son retour d'expatriation subirait un contre-choc culturel dans son propre pays. Ce contre-choc pourrait même être plus violent que le choc culturel de l'expatriation, à cause de son caractère inattendu.

Rentrer au pays ne semble pas poser de problème *a priori*. Pourtant, l'expatriation opère chez les expatriés et leurs familles une métamorphose qui risque de les éloigner des préoccupations de leurs compatriotes. Leur pays d'origine s'est lui aussi transformé pendant leur absence.

Lors du retour d'expatriation, un individu peut avoir le sentiment d'être devenu un étranger dans son propre pays. Plus les changements auront été divergents, plus difficile sera l'adaptation aux conditions générales de vie lors du retour.

L'adaptation au travail reste aussi délicate. La mobilité internationale n'est pas le seul type de mobilité qui invite à se poser la question du retour en gestion des ressources humaines. Par exemple, un congé parental, qui peut être d'une durée équivalente à une expatriation de trois années, pose la question de l'absence et du retour.

> L'expérience internationale conduit à une « perte de connaissances » de personnes, amis ou réseaux, mais aussi de produits, services ou encore d'aspects du fonctionnement de l'entreprise du pays d'origine.

## Loin des yeux, loin du cœur

L'expérience internationale n'est pas seulement une période de croissance et de développement, elle est aussi une période de perte par rapport au pays d'origine. Quant au retour, il constitue une perte par rapport au pays d'accueil.

La durée de l'expatriation, aujourd'hui en moyenne de deux à trois ans, contribue à ne pas trop éloigner l'expatrié de son pays d'origine, ce qui facilite son retour. Cependant, sans contact avec le pays d'origine pendant cette période, l'adage « loin des yeux, loin du cœur » pourrait devenir une réalité.

Aussi l'expatrié a-t-il intérêt à conserver un lien permanent avec son pays d'origine, notamment via Internet. Chaque voyage dans le pays d'origine doit être l'occasion de visiter les amis et les collègues.

## Au retour, on redevient un individu *lambda*

Le retour d'expatriation peut être vu comme une perte relative au pays d'accueil, notamment une perte d'autonomie dans le travail et une perte de statut.

En effet, l'expatriation offre souvent une plus grande autonomie dans l'exercice de son travail. De retour au siège, le poids de la hiérarchie peut se faire plus pesant.

L'expatriation peut aussi signifier un statut plus important que celui que l'on avait dans le pays d'origine. Le retour dans l'entité de départ peut s'accompagner d'un retour au statut antérieur, où le salarié redevient un salarié comme un autre.

La perte du statut d'expatrié peut s'accompagner d'une absence de reconnaissance des compétences développées. L'expatriation étant une opportunité de formation, un parallèle peut être fait avec la formation continue de tout salarié. Après avoir eu l'occasion de se former, un salarié devrait pouvoir appliquer ce qu'il a appris dans son travail. Privé de cette opportunité, il peut connaître quelques frustrations.

La mission d'un expatrié ne s'arrête pas à son séjour à l'étranger mais comprend également la période du retour. Durant cette période, l'ancien expatrié peut apporter son expertise à son entreprise d'origine dans la perspective d'un apprentissage organisationnel.

> La réussite d'une expatriation concerne la phase d'expatriation
> mais aussi celle du retour.

# Le retour est-il davantage le problème de l'entreprise que celui de l'expatrié ?

Pour l'entreprise comme pour l'expatrié, la réussite de l'expatriation sur le long terme s'évalue non seulement pendant le séjour à l'étranger, au regard des accomplissements de l'expatrié et de l'atteinte des objectifs organisationnels, mais aussi au retour avec la capacité à utiliser les nouvelles compétences développées par l'expatrié.

Pour profiter pleinement de ces compétences, encore faut-il pouvoir retenir les salariés. Il est difficile de donner un chiffre précis sur les départs. En fonction des sources, 25 à 50 % des salariés quitteraient leur entreprise dans l'année ou les deux années suivant leur retour. Ces personnes qui partent n'ont peut-être pas eu la promotion ou l'accroissement de responsabilités espéré. Elles n'ont peut-être pas reçu une écoute attentive alors qu'elles avaient tant à dire et à transmettre. Cependant, quand elles quittent leur entreprise, leurs compétences ne sont pas perdues pour tout le monde.

> Dans une de nos recherches en cours, concernant 535 expatriés représentant 20 entreprises, 80 % des répondants estiment que leur affectation internationale contribue à améliorer leurs compétences professionnelles et/ou managériales. Les expatriés apparaissent alors largement gagnants en termes de développement professionnel. Quand l'entreprise qui les a affectés à l'étranger s'avère incapable de leur proposer des postes où leurs nouvelles compétences peuvent s'exprimer, les expatriés les offrent sur le marché externe dans la logique des carrières nomades.

Pour les salariés, l'expatriation devrait être évaluée comme une opportunité de croissance professionnelle et personnelle. Aussi la gestion du retour peut-elle apparaître davantage comme le problème de l'entreprise que comme celui de l'expatrié. Le retour d'expatriation s'avère un problème particulièrement aigu pour l'entreprise lorsqu'elle constate le départ des salariés porteurs de compétences clés.

## Les outils de gestion du retour

L'entreprise a pourtant à sa disposition toute une panoplie d'outils pour la gestion du retour[1] :

---

1. Caligiuri P. & Lazarova M. (2001), « Strategic repatriation policies to enhance global leadership development », in M. Mendenhall, T. Kuehlmann & G. Stahl (Eds.), *Developing Global Business Leaders: Policies, Processes and Innovations,* Quorum Books, 243-256.

| Pratiques de gestion du retour | Intérêt pour l'expatrié |
|---|---|
| Briefing avant le départ du pays d'expatriation sur ce qu'il faut attendre au retour | Se préparer aux changements de son entreprise |
| Réunion avant le retour avec un/des responsables des ressouces humaines | Aborder les préoccupations concernant sa carrière |
| Avant le départ, une garantie écrite ou un accord | Prévoir le type de poste au retour |
| Programmes formels de parrainage pendant l'expatriation | Maintenir un contact avec le pays d'origine |
| Programmes de réintégration immédiatement après le retour | Se réadapter à son entreprise |
| Séminaires de formation pour les salariés | Éviter un « contre-choc culturel » |
| Séminaires de formation pour les familles des expatriés | Protéger sa famille d'un « contre-choc culturel » |
| Aide financière et fiscale | Se réadapter à son pays |
| Communication continue avec l'organisation du pays d'origine pendant l'expatriation | Se réadapter à son entreprise |
| Valorisation de l'expérience internationale | Progresser dans sa carrière |
| Communication pendant le processus du retour sur des détails de ce dernier | Se réadapter à son entreprise et à son pays |

Le **briefing** avant le départ du pays d'expatriation sur ce qu'il faut attendre au retour, ou **des réunions avant le retour** avec des professionnels des ressources humaines afin d'aborder les préoccupations de carrière des expatriés sont des mesures simples à mettre en œuvre.

Des **programmes formels de parrainage** pendant l'expatriation ont l'avantage d'aider l'expatrié à maintenir un contact avec le pays d'origine. Aussi, l'expatrié pourra-t-il suivre les changements dans l'entreprise et rester visible pour son évolution de carrière. Ces programmes de parrainage peuvent être complétés au retour par des **programmes de réintégration** afin d'aider les ex-expatriés à se réadapter à leur entreprise d'origine.

L'entreprise doit considérer la communication sur le retour, à la fois pendant l'expatriation et pendant le processus de retour, comme un élément central de sa gestion des retours. Des **séminaires de préparation au retour**, aussi bien pour le salarié que pour sa famille, pourraient limiter le contre-choc culturel. Dans la logique de la formation interculturelle séquentielle, ils pourraient avoir lieu avant le retour et aussi dans les premiers mois du retour, au moment où les difficultés apparaissent.

Un **accord** précisant dans les grandes lignes le type de poste au retour, voire même un accord écrit est parfois proposé comme politique possible. Cependant, il paraît peu judicieux pour une entreprise de s'engager sur un poste dans les trois ou quatre ans à venir. L'entreprise a une obligation de moyens et non de résultats. En d'autres termes, elle doit s'engager auprès de ses expatriés sur les moyens qu'elle met en œuvre pour les accompagner dans toutes les phases de l'expatriation. Leur évaluation, par exemple, doit être définie clairement, à la fois dans ses procédures et ses objectifs. Les outils de carrière déployés doivent être précisés et expliqués.

Les salariés souhaitent voir un lien entre leur performance lors de l'expatriation et l'évolution de leur carrière. Aussi, une des politiques de l'entreprise est d'envoyer des signes perceptibles qu'elle **valorise l'expérience internationale** pour montrer que cette dernière est bénéfique à la carrière.

Dans une étude menée auprès d'une centaine d'anciens expatriés issus d'une dizaine d'entreprises, ces derniers jugent cette pratique extrêmement importante pour la réussite du retour. Une autre pratique associée à la réussite du retour est celle qui comprend des **réunions avant le retour avec un ou des responsables des ressources humaines** afin d'aborder les préoccupations concernant la carrière. Les expatriés en situation de retour indiquent que ce sont les mesures centrées sur la communication qui sont les plus communes, bien qu'elles soient présentes dans moins de 50 % des entreprises. Les **programmes de parrainage** sont peu développés alors que les anciens expatriés les perçoivent comme efficaces pour le succès du retour.

Les problèmes de l'adaptation au retour proviennent souvent d'un décalage entre les attentes des personnes avant le départ et ce qu'elles vivent concrètement à leur retour. Les expatriés et les entreprises ont intérêt à réduire ce décalage.

> Réussir l'expatriation et la mobilité internationale des personnes
> est un travail de longue haleine qui commence avant le départ
> et se poursuit au retour de l'expatriation.

Les personnes qui sont expatriées dans le but de développer leurs compétences ont plus de chance de réussir leur retour car il s'inscrit dans une carrière programmée. Pour les autres, le retour peut être plus risqué si l'entreprise ne se donne pas les moyens de les accompagner. Bien gérer le retour des expatriés, c'est encourager les meilleurs dans l'entreprise à accepter une mobilité internationale.

**Pistes d'action** ⟶ Avant de partir, interrogez-vous sur la longueur de votre mobilité et listez les actions nécessaires pour permettre le retour.

Si une entreprise vous expatrie, abordez le retour de manière précise.

Interrogez les motivations de l'entreprise : si votre expatriation s'inscrit dans le développement de vos compétences, le retour devrait être plus facile que si elle s'inscrit uniquement dans une logique d'utilisation de compétences, faute de compétences locales.

Essayez de rencontrer des anciens expatriés dans votre entreprise pour savoir comment s'est passé leur retour.

Ne tombez pas dans le piège du « loin des yeux, loin du cœur ». La vie trépidante d'expatrié fait vite oublier l'importance de maintenir des liens avec le pays d'origine. Au pays d'origine, on vous oubliera aussi très vite.

Si vous partez de votre propre initiative, inspirez-vous des politiques présentées dans ce chapitre pour faciliter votre retour.

◀ Pistes Internet

**Synthèse multimédia** *Gestion du retour, les acteurs de la carrière* (thème n° 3).
**Fiche détaillée** *Le contre-choc culturel.*
**Témoignage** *La gestion du retour : le point de vue d'une ancienne responsable de la mobilité internationale.*

# 19 | Face au retour : frustré ou proactif ?

## Repères et objectifs

Les personnes n'appréhendent pas toutes leur retour de la même manière. **Certaines le vivent comme une fatalité, source de frustrations, alors que d'autres sont plutôt proactives avec des résultats plus heureux.**

L'objectif de ce chapitre est de :

→ présenter les deux attitudes des expatriés lors du retour : frustré ou proactif ;

→ montrer que l'entreprise est souvent considérée comme responsable des frustrations des expatriés par son absence de politique de soutien adéquat lors du retour ;

→ vous aider à devenir acteur d'un retour réussi.

Les études traditionnelles sur le retour le présentent souvent comme un échec, en particulier pour l'expatrié. L'expatriation attirerait et donnerait souvent satisfaction. Le retour d'expatriation effraierait et conduirait à des déceptions.

Les quatre témoignages suivants de rapatriés illustrent bien les frustrations fortes exprimées à l'égard de l'entreprise.

▸ « Malgré une expatriation réussie, le retour est un échec car mon expérience internationale n'est pas utilisée. »

« Plus vous êtes performants à l'étranger, plus vous vous faites avoir quand vous rentrez. »

« Globalement, je suis assez amer car les efforts pour réussir cette mission internationale et les sacrifices consentis par ma famille n'ont pas du tout été reconnus par l'entreprise. »

« Dommage qu'il y ait souvent un décalage entre l'expérience vécue à l'étranger et la position obtenue au retour. »[1]

## Le retour comme source de frustrations

Les frustrations ou préoccupations des rapatriés concernent aussi bien la sphère personnelle que la sphère professionnelle.

Les trois principales préoccupations et difficultés personnelles relatives au retour sont :

- le contre-choc culturel du rapatrié et de sa famille, car se réajuster à son pays d'origine n'est pas chose aisée ;
- le changement de style de vie et parfois la perte de statut social, qui aggravent le contre-choc culturel et exigent l'abandon de certaines habitudes confortables ;
- le changement dans la situation financière occasionné par la suppression légitime des primes et avantages liés à la mobilité et par les charges financières inhérentes à la réinstallation dans son pays d'origine.

À ces difficultés personnelles s'ajoutent trois préoccupations professionnelles lors du retour, à savoir :

- des compétences sous-utilisées ;
- un manque de reconnaissance ;
- des opportunités de carrières réduites.

Le retour reviendrait alors à un véritable désastre pour la carrière de la personne qui aurait accepté de s'expatrier[2].

La nature des défis liés au retour a conduit les chercheurs à conclure que les entreprises étaient responsables du faible taux de rétention des rapatriés. En bref, les expatriés quittent leur entreprise lors du retour à cause d'un manque

---

1. Ce chapitre est fondé sur : Lazarova M. & Cerdin, J.-L. (à paraître), « Revisiting Repatriation Concerns: Organizational Support vs. Career and Contextual Influences », *Journal of International Business Studies*.
2. Baruch Y. and Altman Y. (2002), « Expatriation and Repatriation in MNCs: A Taxonomy », *Human Resource Management*, 41(2): 239-259.

de soutien organisationnel adapté. Les entreprises paieraient un prix fort pour cette absence de politique du retour qui résulte en une perte de compétences. Les concurrents récupèrent ainsi des compétences qu'ils n'ont pas contribué à créer. Les entreprises ne tireraient pas les bénéfices de l'expérience internationale. *In fine*, les faibles taux de rétention et les frustrations des rapatriés affecteraient négativement la décision d'expatriation des salariés. En effet, les expatriés potentiels pourraient refuser une mobilité lorsqu'ils observent ou rencontrent des rapatriés exprimant leur frustration quant à leur situation lors du retour d'expatriation, notamment en n'obtenant pas les postes escomptés.

Face à cette approche traditionnelle du retour qui s'organise autour de la frustration des uns et des autres, nous proposons une approche émergente centrée sur la proactivité des expatriés quant à leur retour. Cette approche est cohérente avec la recherche actuelle sur les carrières, en particulier sur les carrières sans frontières et les carrières dites « protéennes » (voir ci-dessous).

## Le retour : une opportunité d'être proactif

**Les carrières sans frontières** impliquent la mobilité entre organisations. Les salariés ne sont plus liés à leur entreprise sur le long terme. La relation d'emploi se fonde sur un échange d'employabilité contre de la performance et de la flexibilité. Ces carrières s'affranchissent des contraintes structurelles.

En d'autres termes, les personnes ne définissent plus leur carrière en fonction de structures données, plus ou moins claires et transparentes, comme des règles de promotions, mais davantage en fonction de leurs valeurs et de leurs objectifs personnels.

Dans **les carrières protéennes**, qui sont tout d'abord gérées par la personne et non par l'entreprise[3], ce sont les valeurs qui fournissent les mesures du succès individuel de carrière.

Ces carrières sont associées à une forte capacité d'adaptation, notamment en termes d'apprentissage. Les personnes poursuivant une carrière protéenne recherchent le succès psychologique de carrière. La « carrière interne » prime sur la « carrière externe » dans le sens où répondre à ses aspirations personnelles guide davantage les choix de carrière que céder aux pressions de l'environnement.

---

3. Hall D. T., Briscoe J. P. & Kram K. E. (1997), « Identity, values and learning in the protean career », in C.L. Cooper and S.E. Jackson (Eds), *Creating Tomorrow's Organizations*, John Wiley & Sons, London, 321-335.

La logique des carrières sans frontières et des carrières protéennes suggère que les actions mises en œuvre par les personnes pour atteindre leurs objectifs personnels de carrière sont centrales pour comprendre leur décision de rester ou non dans leur entreprise lors du retour. Les opportunités de développement de carrière pourraient alors se trouver dans leur entreprise actuelle, mais aussi à l'extérieur de cette dernière.

> Les résultats de notre recherche[4] montrent clairement que la disponibilité d'autres emplois est reliée positivement à l'intention de quitter son entreprise après le retour. Ils indiquent aussi que les comportements proactifs de développement de carrière sont significativement reliés à l'intention de quitter son entreprise après le retour.

L'activisme de carrière comprend les actions prises par un individu afin de maîtriser sa carrière. Il mesure sa proactivité par rapport à sa carrière. Cette proactivité des rapatriés s'exprime par des activités à la fois dirigées à l'intérieur et à l'extérieur de l'entreprise.

La planification stratégique reflète plutôt des activités au sein de leur entreprise actuelle. Il s'agit par exemple d'accepter ou de rejeter des affectations spécifiques en accord avec ses plans de carrière.

Les deux autres dimensions de l'activisme de carrière comprennent des activités tournées vers l'extérieur de leur entreprise actuelle. La dimension « **obtenir des conseils** » revient notamment à contacter des spécialistes pour des conseils sur sa carrière. La dimension « **réunir des informations externes** » revient par exemple à demander à un collègue de travail une recommandation pour un poste dans une autre entreprise.

Ces activités externes expriment de manière significative l'intention de quitter son entreprise. Au contraire, un activisme interne est associé à un faible désir de quitter son entreprise.

## Quitter son entreprise au retour : une question complexe

Comme le montrent nos recherches, les approches traditionnelles et émergentes peuvent se combiner.

> Les résultats empiriques de notre recherche[5], en ce qui concerne les deux questions précédentes, montrent que l'insuffisance de soutien fourni par l'entreprise et la disponibilité d'opportunités d'autres emplois expliquent, de manière indépendante,

---

4. Lazarova M. & Cerdin J.-L. (à paraître) *op. cit.*
5. *Ibid.*

l'intention de quitter son entreprise après le retour. Cependant, si le manque de soutien explique significativement l'intention de quitter son entreprise par lui-même, il n'apporte pas d'explication supplémentaire à l'intention de quitter son entreprise lorsqu'il est considéré en présence de l'activisme de carrière. En d'autres termes, face à l'activisme de certains rapatriés, les politiques d'entreprises pourraient s'avérer vaines.

Globalement, les entreprises ont intérêt à offrir des pratiques de soutien aux rapatriés car elles apparaissent efficaces pour réduire le turn-over indésirable. Elles peuvent aussi les encourager à adopter une démarche proactive de développement de carrière en interne.

Néanmoins, les entreprises doivent reconnaître qu'elles ne contrôlent pas toutes les variables qui influencent la rétention des rapatriés. Au lieu d'essayer de garder à tout prix tous les rapatriés, les entreprises ont besoin d'être à la fois stratégiques et réalistes. L'expérience internationale est un atout dans le sens où elle apporte de nouvelles connaissances et compétences, et permet à l'entreprise de développer un réseau au niveau global. Le transfert de connaissance et le développement de réseaux reposent en principe sur les rapatriés.

Ne pouvant contrôler toutes les variables qui ont un impact sur la rétention de leurs expatriés en situation de retour, elles ont intérêt à développer des mécanismes de transfert de connaissance durant la mobilité internationale afin que l'expertise internationale soit retenue même si les rapatriés quittent l'entreprise.

La réussite du retour pour l'individu s'exprime en termes de mobilité psychologique et physique. Les frustrations conduisent souvent à des impasses. Cela ne signifie pas qu'il faille les nier.

Cependant, une attitude proactive en termes de carrière durant et après l'expatriation aide à saisir les opportunités de carrière, en interne, mais aussi sur le marché externe du travail. Cette démarche proactive s'appuie sur une bonne connaissance des compétences développées dans le cadre de la mobilité internationale.

Aussi, le retour d'expatriation ne devrait pas paralyser la personne dans son élan de mobilité internationale. Au contraire, l'expatriation doit être vue comme une opportunité de développer des compétences qu'il faudra savoir identifier et formaliser clairement tout au long de la mobilité. Au retour, cette démarche s'avérera payante car elle enverra un signal de compétences qui pourra être décrypté par le marché interne ou externe du travail.

L'approche traditionnelle du retour met l'accent sur le rôle des organisations (politiques de soutien) alors que l'approche émergente se focalise sur le rôle de l'individu (activisme de carrière) et de facteurs d'environnement (disponibilité d'opportunités d'emplois). L'intégration de ces deux approches permet de mieux comprendre la rétention des expatriés lors de leur retour.

**Pistes d'action**    Vérifiez quelles sont les politiques de soutien de votre entreprise pour le retour et demandez que l'on vous les détaille.

Envoyez aux autres des signaux de compétences et non pas des signaux de frustration. Même si vos frustrations sont légitimes, les autres ne sont souvent pas prêts à les recevoir.

Recensez régulièrement pendant votre expatriation les compétences que vous développez afin d'être en mesure d'envoyer les bons signaux de compétences. Posez-vous des questions simples du type : « Qu'est-ce que je sais aujourd'hui que je ne savais pas avant ma mobilité ? », « Que sais-je faire de plus ? », « Comment mon rapport aux autres s'est-il modifié ? »

Pour être proactif, demandez-vous quelle est la meilleure façon de parler de votre expérience au retour. Comment rendre cette expérience pertinente à des personnes qui auront du mal à se représenter ce que vous avez vécu. Souvent la réponse se trouve du côté des compétences (cf. les trois questions ci-dessus).

Pistes Internet

**Synthèse multimédia** *Gestion du retour, les acteurs de la carrière* (thème n° 3).
**Fiche détaillée** *Retour et progression de carrière.*
**Témoignage** *Le retour : le point de vue d'un jeune diplômé, ancien expatrié.*

## Conclusion

# Vers une mobilité internationale réussie

La combinaison des thèmes abordés dans cet ouvrage et des ressources du site *L'expatriation : préparez votre projet de mobilité internationale !* vous aideront à progresser dans votre approche de la mobilité internationale.

Une décision de partir ou de ne pas partir à l'étranger mérite d'être mûrie. Les ressources présentées dans cet ouvrage vont contribuer à nourrir votre réflexion et à prendre une décision de mobilité ou de non-mobilité en toute connaissance de cause.

Une question fondamentale devrait guider votre démarche : « Dans quelle mesure la mobilité internationale envisagée est-elle compatible avec mes objectifs en matière de vie privée et professionnelle ? »

La réponse à cette question vous appartient. Les rubriques de cet ouvrage et du site Internet sont des ressources mises à votre disposition pour éclairer votre réflexion et vous inciter à creuser certaines pistes trop souvent négligées.

Cet ouvrage ne se veut pas un guide avec des recettes toutes faites mais plutôt une invitation à vous poser les bonnes questions par rapport à la mobilité internationale. La mobilité internationale n'est ni une bonne chose ni une mauvaise chose dans l'absolu. Elle peut revêtir de multiples formes. Elle peut être plus favorable dans certains contextes que dans d'autres.

Une bonne décision ne se regrette pas. Il faut parfois savoir ne pas partir, de même qu'il faut parfois savoir ne pas passer à côté d'une opportunité de partir, voire s'en créer une.

© Groupe Eyrolles

Même bien préparée, une mobilité internationale présente des surprises. Limiter les mauvaises surprises et savoir profiter des bonnes surprises est essentiel.

Finalement, tout tourne autour de la question : « J'y vais ou j'y vais pas ? »

Si « je n'y vais pas », la vie continue et si votre décision a été prise en toute connaissance de cause, il n'y a aucun regret à avoir. D'autres occasions se présenteront peut-être ou tout simplement la mobilité internationale ne s'inscrit pas harmonieusement dans vos projets de vie, du moins pour l'instant.

Si « j'y vais », alors l'aventure internationale peut commencer, source de difficultés certaines, mais aussi d'une expérience qui vous transformera en vous donnant un nouveau regard sur vous-même et les autres. Cet enrichissement se fera d'autant plus agréablement que vous vous serez posé les bonnes questions sur la place de la mobilité internationale dans votre vie. Une mobilité internationale réussie sera alors au rendez-vous.

# Pistes d'action : check-list

*Pour terminer, nous vous proposons un récapitulatif de pistes d'action inspirées des recherches sur la mobilité internationale et des thèmes développés dans cet ouvrage. Ces pistes d'actions s'inscrivent parfois dans le cadre d'une mobilité internationale proposée par une entreprise, d'autres fois dans le cadre d'une mobilité à votre propre initiative. Il s'agit d'une liste indicative destinée à vous permettre de poursuivre votre réflexion, et éventuellement de revenir sur certains points que vous souhaiteriez approfondir.*

## Politique de votre entreprise envers la mobilité internationale

Identifiez les objectifs de l'entreprise quant à la mobilité internationale envisagée.

Décryptez la politique d'affectation internationale de votre entreprise car elle influence sa gestion des carrières.

Vérifiez si la mobilité est un accélérateur de carrière dans votre entreprise en comparant les parcours des mobiles et des non-mobiles.

Faites-vous détailler le plus précisément possible les différents aspects d'une mission internationale.

Vérifiez que votre mission ne comporte pas de demandes contradictoires, notamment en ce qui concerne les attentes des entreprises d'origine et d'accueil.

Faites-vous préciser avant le départ les méthodes et les critères d'évaluation pour apprécier vos performances durant votre affectation internationale.

## Questions d'adaptation internationale

Confrontez-vous le plus tôt possible à des mobilités internationales ; cela facilitera d'autant votre adaptation internationale.

Réduisez le plus possible les incertitudes entourant votre prochaine affectation internationale.

Prenez conscience que l'adaptation internationale ne va pas de soi, qu'elle nécessite du temps et que vous pouvez connaître des périodes difficiles, liées notamment au choc culturel.

Cherchez à avoir un aperçu réaliste de votre prochaine affectation afin de faciliter votre adaptation une fois dans le pays d'accueil.

Identifiez clairement les déterminants de l'adaptation afin de pouvoir réduire l'incertitude associée à une situation de mobilité internationale.

Répondez aux différentes enquêtes concernant les expatriés, car elles permettent de mieux connaître votre situation de mobilité internationale. Elles peuvent conduire à la mise en place d'actions contribuant à votre réussite aussi bien avant, pendant et qu'après une mobilité internationale.

Testez votre adaptabilité en utilisant les mesures des différentes dimensions des qualités nécessaires à l'adaptation internationale. Examinez la mobilisation de ces qualités au regard notamment d'expériences, professionnelles ou non, où vous avez été en contact avec des personnes d'autres cultures, dans ou hors de votre pays.

Cultivez l'autonomie, source d'adaptation, dans la réalisation de vos tâches à l'international.

## Comprendre sa culture et celle des autres

Considérez la nouveauté culturelle ou l'écart entre la culture de votre pays d'origine et la culture de votre pays d'accueil comme une variable importante.

Commencez par observer certaines dimensions de votre culture d'origine pour mieux appréhender celles de votre pays d'accueil.

Renseignez-vous le plus précisément possible sur la culture de votre futur pays d'accueil.

N'hésitez pas à demander une formation interculturelle, pour vous et votre famille, surtout pour des pays difficiles en termes d'adaptation internationale.

Veillez à ce que la formation interculturelle proposée soit suffisamment rigoureuse en fonction du pays d'accueil et de la nature de votre mission.

Demandez une formation interculturelle pendant les premières étapes de votre mobilité internationale, afin d'améliorer vos chances de succès.

## Vos motivations en général

Analysez vos motivations pour partir travailler dans un autre pays afin de vous « autosélectionner ».

Ne partez pas pour fuir des problèmes personnels ou des conditions que vous jugez défavorables dans votre pays d'origine.

Interrogez les anciens expatriés afin de savoir comment ils ont surmonté différents freins à leur mobilité.

Réfléchissez à votre disposition envers la mobilité internationale.
Des trois descriptions suivantes, quelle est celle qui vous correspond le
mieux ? « Quelles que soient les circonstances, une mobilité internationale
n'est pas envisageable », « en fonction des caractéristiques de la destination
ou du moment où elle pourrait être vécue, une mobilité est envisageable »,
« quelles que soient les circonstances, une mobilité est toujours
envisageable ».

Quel est votre attachement à la « communauté » dans laquelle vous vivez ?
Êtes-vous prêt à la laisser pour d'autres horizons ?

Prenez en compte la disposition de votre famille dans la mesure
où cette dernière vous accompagne.

## Votre famille et les aspects importants de votre vie

Examinez la compatibilité d'une mobilité internationale avec les différents
domaines de votre vie comme votre famille, votre temps libre ou votre
environnement relationnel.

Préférez une décision concertée avec votre famille, car elle est associée
à une meilleure adaptation et réussite dans le pays d'accueil.

N'hésitez pas à refuser une mobilité internationale si cette dernière
n'apparaît pas compatible avec les domaines de votre vie que vous jugez
les plus importants.

Vérifiez que vous aurez le soutien de votre conjoint ou de votre partenaire
pendant la mobilité internationale.

Assurez-vous que la mobilité internationale répond à un projet
pour l'ensemble des membres de votre famille.

Prenez votre décision de mobilité internationale en totale concertation avec
votre conjoint ou partenaire, quelle que soit sa situation professionnelle,
travail ou non.

## Votre carrière

Repérez les ressorts de votre carrière interne, c'est-à-dire vos aspirations personnelles en termes de carrière.

À partir de votre définition personnelle du succès de carrière, évaluez quel est l'apport d'une mobilité internationale.

Identifiez votre étape de carrière et examinez toute mobilité internationale dans cette perspective.

N'optez pas pour une mobilité internationale dans le seul objectif de vous sortir d'une situation professionnelle ou personnelle défavorable.

Identifiez vos orientations de carrière, en particulier ce qui est le plus important et non négociable dans vos choix de carrière, c'est-à-dire votre ancre de carrière.

Examinez la compatibilité de votre ancre de carrière avec la mobilité internationale et sa réussite.

## Votre retour

Maintenez des liens très réguliers avec votre entreprise d'origine afin de faciliter votre retour, en particulier à travers un système informel de parrainage où vous établissez des liens privilégiés avec des salariés de votre entreprise d'origine.

Vérifiez auprès de votre entreprise qu'il y aura un lien entre vos performances obtenues à l'international et votre prochaine affectation, notamment en cas de retour dans votre pays d'origine.

Soyez proactif par rapport à votre retour, et plus particulièrement gardez des contacts privilégiés avec les personnes influentes par rapport à votre position « cible ».

Si vous souhaitez revenir dans votre pays d'origine, maintenez des contacts réguliers avec des personnes clés (famille, amis) qui pourront vous aider lors de votre retour.

© Groupe Eyrolles

# Références

Adams, J. S. (1963), « Toward an understanding of inequity », *Journal of Abnormal and Social Psychology*, 67, 422-436.

Baruch, Y. and Altman. Y., (2002), « Expatriation and Repatriation in MNCs : a Taxonomy », *Human Resource Management*, 41(2), 239-259.

Blau, G. (1994), « Testing the effect of level and importance of pay referents on pay level satisfaction », *Human Relations*, 47(10), 1251-1268.

Brett, J. M., Stroh, L. K. & Reilly, A. H. (1993), « Pulling up roots in the 1990s: Who's willing to relocate? », *Journal of Organizational Behavior, 14*, 49-60.

Caligiuri, P. (2000), « The five big personality characteristics as predictors of expatriate's desire to terminate the assignment and supervisor-rated performance », *Personnel Psychology*, 53(1), 67-88.

Caligiuri, P. & Lazarova, M. (2001), « Strategic repatriation policies to enhance global leadership development », in M. Mendenhall, T. Kuehlmann, & G. Stahl (eds.), *Developing Global Business Leaders: Policies, Processes and Innovations,* Quorum Books, 243-256.

Cerdin, J.-L. (2002), *L'Expatriation*, Éditions d'Organisation.

Cerdin, J.-L. (2004), « L'expatriation : un temps de carrière particulier », in S. Guerrero, J.-L. Cerdin & A. Roger (dir.), *La Gestion des carrières : enjeux et perspectives,* Paris, Éditions Vuibert, 265-282.

Cerdin, J.-L., Saint-Onge, S., & Savigny, X. (2000), « La rémunération des expatriés : défis et pratiques de gestion », in J.-M. Peretti et P. Roussel (dir.), *Les Rémunérations, politiques et pratiques pour les années 2000*, Éditions Vuibert, 293-309.

Cerdin, J.-L. (1999), Audit de la rémunération des expatriés, *Actes IAS-Arforghe*, Hammamet, Tunisie, 23-32.

Fenlason, K. J. & Beehr, T. A. (1994), « Social support and occupational stress: Effects of talking to others », *Journal of Organizational Behavior, 15*, 157-175.

Goodman, P. S. (1974), « An examination of referents used in the evaluation of pay », *Organizational Behavior and Human Performance*, 12, 170-195.

Gowler, D. & Legge, K. (1993), « Rhetoric in bureaucratic careers: managing the meaning of management success », in M. B. Arthur, D. T. Hall & B. S. Lawrence, *Handbook of Career Theory*, Cambridge, Cambridge University Press (first published, 1989), 437-453.

Hall, D. T., Briscoe, J. P., & Kram, K. E. (1997), « Identity, values and learning in the protean career », in C. L. Cooper and S. E. Jackson (eds), *Creating Tomorrow's Organizations*, John Wiley & Sons, London, 321-335.

Inkson, K., Arthur, M. B., Pringle, J., & Barry, S. (1997), « Expatriate assignment versus overseas experience: Contrasting models of international human resource development », *Journal of World Business*, 32(4), 351-368.

Kraimer, M. L., Wayne, S. J., & Jaworski, R. A. (2001), « Sources of support and expatriate performance: The mediating role of expatriate adjustment », *Personnel Psychology*, 54(1), 71-99.

Latack, J. L. (1993), « Work, stress, and careers : A preventive approach to maintaining organizational health, in M. B. Arthur, D. T. Hall & B. S. Lawrence, *Handbook of Career Theory* », Cambridge, Cambridge University Press (first edition, 1989), 252-274.

Lazarova, M., & Cerdin, J.-L. (à paraître), « Revisiting Repatriation Concerns: Organizational Support vs. Career and Contextual Influences », *Journal of International Business Studies*.

McCall, M. W., & Hollenbeck, G. P. (2002), *Developing global executives*, Editions Harvard Business School Press.

Meyer, J.P., & Allen. N.J., (1991), « A three-component conceptualization of organizational commitment », *Human Resource Management Review*, vol. 1, n° 1, 61-89.

Oberg, K. (1960), « Culture shock: adjustment to new cultural environment », *Practical Anthropologist*, 7, 177-182.

Peretti, J.-M. (2001), *Dictionnaire des Ressources Humaines*, 2ᵉ édition, Éditions Vuibert.

Schein, E. H. (1990), *Career Anchors: Discovering Your Real Values*, Pfeiffer & Company, San Diego, California.

Schein, E. H. (1978, *Career dynamics: matching individual and organisational needs,* Reading Addison-Wesley.

Schein, E. H. (1971), « The Individual, the Organization, and the Career: A Conceptual Scheme », *Journal of Applied Behavioral Science, 7*, 401-426.

Stahl, G. K, & Cerdin, J.-L. (2004), « Global Careers in French and German Multinational Corporations », *Journal of Management Development,* 23(9), 885-902.

Stroh, L., Black, J.S., Mendenhall, M.E., & Gregersen, H. (2005), *International Assignments: An Integration of Strategy, Research, & Practice*, London, Lawrence Erlbaum and Associates, Inc.

Suutari V., & Taka, M. (2004), « Career anchors of managers with global careers », *Journal of Management Development,* 23(9), 833-847.

Suutari, V., & Brewster, C. (2000), « Making their own way: International experience through self-initiated foreign assignment », *Journal of World Business,* 35(4), 417-436.

Toh, S. M & DeNisi, A. S. (2003), « Host country national reactions to expatriate pay policies: A model and implication », *Academy of Management Review,* 28(4), 606-621.

www.ingramcontent.com/pod-product-compliance
Lightning Source LLC
Chambersburg PA
CBHW062219080426
42734CB00010B/1945